东碾坨嘴村志

《东碾坨嘴村志》编修委员会　编

方志出版社
Publishing House of Local Records

图书在版编目（CIP）数据

东碾坨嘴村志 /《东碾坨嘴村志》编修委员会编 . --北京：方志出版社，2019. 12

ISBN 978-7-5144-3858-1

Ⅰ. ①东… Ⅱ. ①东… Ⅲ. ①村史—西青区

Ⅳ. ①K292. 15

中国版本图书馆 CIP 数据核字（2020）第 010590 号

东碾坨嘴村志

编　　者：《东碾坨嘴村志》编修委员会
责任编辑：高孟君

出 版 者：方志出版社
地址　北京市朝阳区潘家园东里 9 号（国家方志馆 4 层）
邮编　100021
网址　http://www. zgfzcb. cn
发　　行：方志出版社图书经销中心
电话　（010）67110500
经　　销：各地新华书店
排　　版：北京天逸合文化有限公司
印　　刷：北京中科印刷有限公司

开　　本：787×1092　1/16
印　　张：18
字　　数：302 千字
版　　次：2019 年 12 月第 1 版　2019 年 12 月第 1 次印刷
印　　数：001～300 册

ISBN 978-7-5144-3858-1　**定价**：145. 00 元

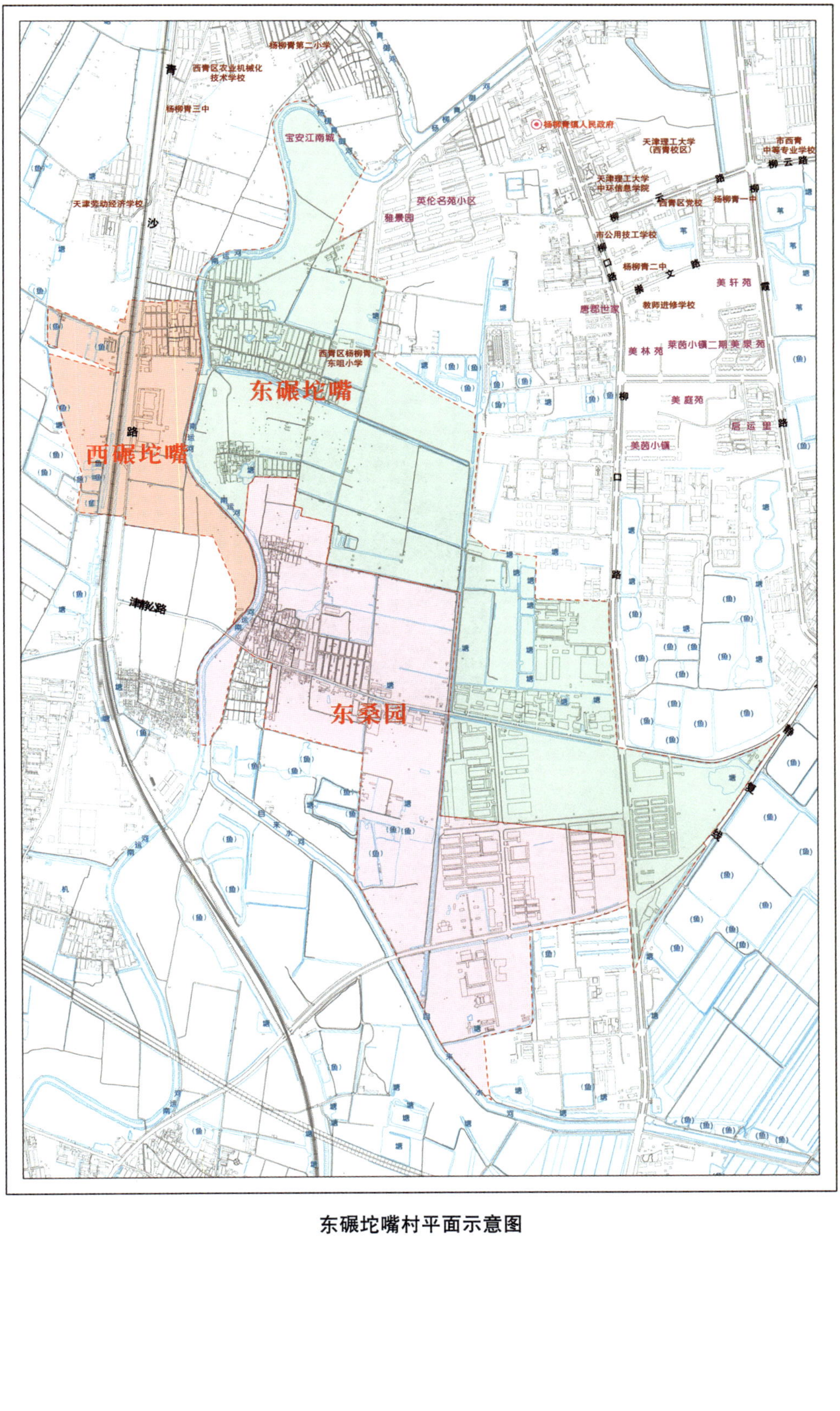

杨柳青第二小学
西青区农业机械化技术学校
杨柳青三中
宝安江南城
杨柳青镇人民政府
天津理工大学（西青校区）
市西青中等专业学校
柳云路
天津理工大学中环信息学院
天津劳动经济学校
英伦名苑小区
雅景园
西青区党校
杨柳青一中
市公用技工学校
杨柳青二中
美轩苑
居都世家
教师进修学校
西青区杨柳青东咀小学
美林苑
莱茵小镇二期
美泉苑
东碾坨嘴
美庭苑
启运里
美茵小镇
西碾坨嘴
津静公路
东桑园

东碾坨嘴村平面示意图

东碾坨嘴村村委会

南运河转弯处（夹河处）

2017 年拆迁前的东碾坨嘴村全貌

大泵房通往南运河相接处

建于 1968 年的东碾坨嘴村南小河

建于 2001 年的东碾坨嘴桥

东碾坨嘴村到十五街过道涵

建于 1968 年的东碾坨嘴村大泵房

天津市泰正机械有限公司

2011 年，杨柳青盛兴风云老会会员前往东碾坨嘴村无偿为父老乡亲慰问展演

1995 年，东碾坨嘴村秧歌队成员

金三角批发市场商贸区

东碾坨嘴村特色制品竹编簸子

东碾坨嘴村特产——四六瓣大蒜

东碾坨嘴村特产——老倭瓜

西青区村村建档修志工程领导小组
组长及成员单位

组　　长： 张　劲（至 2019 年 3 月）

副 组 长： 惠　冰（至 2019 年 9 月）
杜全胜（自 2019 年 12 月）
高　艳

成员单位： 区档案局　区委督查室　区民政局
区农业经委　区新闻中心　西营门街
李七庄街　杨柳青镇　辛口镇
中北镇　张家窝镇　精武镇
大寺镇　王稳庄镇

西青区村村建档修志工程领导小组
办公室成员

主　　任： 孙国春（至 2018 年 2 月）
林小琳（自 2018 年 2 月至 2019 年 8 月）
杨鸣起（自 2019 年 8 月）

副 主 任： 谷大丽（至 2018 年 9 月）
薛安鲁
边秀文（自 2018 年 9 月）

杨柳青镇村村建档修志领导小组组长及成员单位

组　　长： 张晓辉（自 2019 年 6 月）

副 组 长： 梁金凤（至 2018 年 4 月）

潘兴旺（自 2018 年 4 月至 2019 年 11 月）

柳瑞珍（自 2019 年 12 月）

符新华

成员单位：

综合档案室	农服中心	党政办	宣传办	统计办
一　街	二　街	三　街	四　街	五　街
六　街	七　街	八　街	九　街	十　街
十一街	十二街	十三街	十四街	十五街
十六街	白滩寺	大柳滩	隐贤村	东碾坨嘴
西碾坨嘴	东桑园	前桑园	后桑园	娄家院

《东碾坨嘴村志》审验组成员

组　长：张晓辉　林小琳　杨鸣起

副组长：潘兴旺　柳瑞珍　薛安鲁

符新华　韩云涛

成　员：王富盛　谢连华　杨茂枫

李　刚　张立民　张绍祖

张　峰　张子荣　张　明

《东碾坨嘴村志》编修委员会

主　任：杜华刚（至2018年5月）
　　　　任兆勇（自2018年5月）
成　员：冯德军（至2018年5月）
　　　　李家军（自2018年5月）
　　　　任兆清

《东碾坨嘴村志》编辑人员

主　　编：任兆清
编辑人员：郭育含　李富英
摄　　像：任兆清

序 一

村村建档修志工程卷帙浩繁，内容宏富。整个工程历时三载，经广大村志工作者辛勤编纂、精心打磨，终于付梓出版。这是西青区社会主义精神文明建设的重要成果，体现了全区在文化工程建设、文化自信方面取得的重要成绩，在此，予以祝贺！

村志，是整个方志编写中的一个分支，明代即有了乡村志的雏形。历代政府多注重“官志”的编修，而作为乡土聚落的村志极少在正史典册中出现。自20世纪80年代始，村志的立身及地位逐步得到认同，随着经济社会的不断发展和城乡一体化进程的加快，部分省市的村志编修已在较大范围内开展。但作为一个地区，西青区将“村村建档修志”作为一项系统工程，举全区之力，用三年的时间，在全区162个村庄全面铺开推动，这在全市乃至全国尚属空前。

村村修志工程，是西青区深入贯彻落实习近平新时代中国特色社会主义思想和中共十九大精神的具体实施，是推进乡村振兴和文化强区战略的生动实践，也是全面推动全区档案事业和地方志事业科学发展的一项创新举措。村志，系统记述了村落发展的变化和改革开放的进程，全面展现了西青区厚重的历史文化底蕴，是认识全区农村社会变革和经济发展的重要途径，为全区“乡村振兴战略”和新型小康村建设提供了历史智慧和现实借鉴。村村修志工程，契合了城市化进程中抢救村落文化，做好文化传承的当前态势；回应了随着经济社会不断发展，广大村民渴望诉说家乡情怀、展现村庄历史的文化需求。对于铭记历史，“记住乡音、留住乡愁”，激发民众爱乡情怀，必将带来重大而深远的影响。

纵观全志，资料广征博引，据事实录，彰盛事、志伟绩，寓成功得失，分是非曲直，系统反映了各村面貌，是一部部村落发展的百科全书。村志在编修体例上因地制宜，不拘一格，突出时代特点和村情特色；在编写机制上，重视本村人写本村志，同时提倡开门修志，博采众长，广泛吸纳社会专业力量，推动村志编修工作有效开展，创造出一批独具村味乡韵的精品文化成果。不仅为后人留下了大量珍贵的史料，弥补了正史文献中对村庄记述之缺环，同时也为全区政治、经济和社会发展提供了强大的精神动力和智力支持。

衷心地感谢方志出版社、天津市志办领导、村志工程各级组织者，各方专业人士以及广大的村志编纂者。“修志问道，以启未来”，区委、区政府愿与全区人民以史为鉴、同心同德，与时俱进、开拓创新，用勤劳和智慧创造西青更加美好的未来。

中共天津市西青区委员会

天津市西青区人民政府

2019 年 3 月

序　二

《东碾坨嘴村志》的出版是全村人民生活中的一件大事，也是东碾坨嘴村精神文明建设的重大成果，实在可喜可贺。

《东碾坨嘴村志》是建村以来全面系统记述摄录村历史与现状的一本书。尤其是系统记述新中国成立后，经过广大党员、群众共同努力，特别是改革开放以后所发生的巨大变化，是第一部东碾坨嘴村的志书。

在编修该部村志的过程中，编修人员东奔西走，广征博采，并遵循“详今略古，详独略同”的原则，实事求是，直书摄录，数易其稿，终成此志。

《东碾坨嘴村志》是该村有史以来完整、具体的第一部志书。它对人们更好地认识、了解该村的历史和现状，研究村庄的经济发展、启迪后人爱乡之情起到重要作用。

东碾坨嘴村全体村民应当珍惜该志书，细心精读，在习近平新时代中国特色社会主义思想指引下，解放思想，凝心聚力，为建设我们的灿烂美好的未来做出应有贡献。

《东碾坨嘴村志》在编写的过程中，得到各级领导和广大村民的大力支持，并得到区、镇修志专家的指导和帮助，在此深表感谢！

东碾坨嘴村党总支委员会　书记

东碾坨嘴村村民委员会　主任

2018 年 12 月 15 日

凡 例

一、本志以马克思列宁主义、毛泽东思想、邓小平理论、“三个代表”重要思想、科学发展观、习近平新时代中国特色社会主义思想为指导，坚持辩证唯物主义和历史唯物主义的立场、观点和方法，贯彻实事求是的思想路线，力求思想性、科学性和资料性的统一。

二、本志是杨柳青镇东碾坨嘴村自明代建村至今的第一部志书。志书追溯历史风貌，展现现代文明，突出时代特点，详述地方特色。

三、本志详今略古、详近略远、详独略同，重点记述中华人民共和国成立以来的史实，突出1978年改革开放以来的历程和发展。

四、本志“横分门类，纵述史实”，采用述、志、记、传、图、表、录等体裁，以记述为主。

五、本志按事物性质设章、节、目，不受现行行政管理系统限制。所载事物原则上限于现行区划；与现行区划事物有渊源关系的内容做必要追溯。

六、各章撰述上起明永乐十八年（1420），下限止于2018年年底。

七、政区各机关名称，均使用当时名称；地名除必要时用当时名称外，均用现行标准地名。

八、本志语言采用现代语体文（引用文除外），必要时随文括注。

九、入传人物以东碾坨嘴村为主，兼收有杰出贡献和重大影响的客籍人士，以生年为排列顺序，坚持“生不立传”原则。

十、辛亥革命前用历史纪年，括注公元纪年；辛亥革命之后，均采用公元纪年。

十一、数字一般用镇统计部门数字，必要时引用西青区统计局数字；新中国成立前的数字，依据当时资料；新中国成立后历年的经济数字，除工农业总产值及工业、农业产值按2018年不变价折算外，其他均为当年数值。

十二、数字的书写，一般用阿拉伯数字；专有名称和表述性语言中的数字，用汉字。

十三、简称。中华人民共和国简称为新中国；中国共产党简称为中共；中国共产主义青年团简称为共青团；中国共产党天津市西青区杨柳青镇东碾坨嘴村党支部简称为东碾坨嘴村党支部；天津市西青区杨柳青镇东碾坨嘴村委员会简称为东碾坨嘴村村民委员会。其他简称，首次出现时写全称，括号内注简称，后文均用简称。

目　录

概 述

一

明永乐十八年（1420），任、王、杜三姓村民由山西洪洞县大槐树下随军迁往北京。建都后，在杨柳青南三里夹河湾处定居。他们以种植杂粮、蔬菜为生，主要种植回头望倭瓜、大白菜、萝卜、山药、四六瓣大蒜、牛心茄子等。

清乾隆五十九年（1794）三月，乾隆帝御舟经过杨柳青夹河湾处，船在河边搁浅。村民踊跃帮忙，把御舟推出淤滩。乾隆帝认为该地形似碾坨，又如尖嘴，赐名该地为东碾坨嘴。

东碾坨嘴村位于南运河东南夹河湾处，隶属天津市西青区杨柳青镇。河对岸是西碾坨嘴村，南接东桑园村，东北与十五街相接。

境内南运河从南到北沿村西而过，蜿蜒朝东而下。1990 年，东碾坨嘴村占地面积 22.6 万平方米，建筑面积约 4.2 万平方米。2016 年 10 月，该村开始平改拆迁。2017 年 10 月，集体收归承包地。2018 年，全村分为 32 个村民小组，共有 68 个姓氏，农业人口 1144 户 2658 人。

近几年来，村民文化素质、文明程度明显提高，儿童入学率达 100%，高等教育得到普及，生活水平不断提高。2000 年，东碾坨嘴村进入小康村行列。

二

“赶大营”是杨柳青人的历史创举、中国近代商贸史上的奇迹。到新疆谋生的杨柳青人有 500 多户，东碾坨嘴村就有 20 多户。在新疆的数代杨柳青人经过多年磨炼，为增进民族团结和新疆的发展做出卓越贡献。

八路军冀中军区天津地下军手枪队外围第七分队在东碾坨嘴村成立，以李记茶铺为联络点。手枪队第七分队队长为邢树旺、李震元，队员为任连义、李新元、王学福、王万桐。他们同日本侵略者作斗争，侦查和掌握敌人详细情报，出其不意打击敌人，接待和护送地下工作者人员安全往来，配合各联络站护送和转运军用物资，忠实执行，圆满完成地下组织交给的各项任务。

三

新中国成立后，东碾坨嘴村的经济得到复苏，人民生活得到改善，但仍处于低水平的发展阶段。改革开放后的40年里，农业、工业、商业有很大的发展，各项经济、民营指标持续增长，集体经济收入达800万余元。全村有民营企业20余家，营业额近1亿元，从业人员千人之多。

2000年3月8日，金三角批发市场开工。5月18日，该市场建成并投入使用，村民在金三角批发市场经商的有20余户，有市场管理人员30余人。

2018年，凡是该村农业户口的村民，90岁及以上的老人每月补助1632.43元，70~89岁的每月补助1632.43元，65~70岁的每月补助1269元，60~65岁的每月补助859.4元。

四

明清及民国时期，东碾坨嘴村村民就开始自发进行体育健身活动，有踢毽子、放风筝、跳房子、滑冰、打尜、扔沙袋、抖空竹、舞狮子等，形式灵活多样。每逢春节、元宵节及庙会，都会有体育表演。

东碾坨嘴歌谣是该村的历史传承。特别是夯号，它是村民互帮互助、齐心合力的赞歌，是主家盖新房的召唤，也是东碾坨嘴村的音符。

东碾坨嘴村书画爱好者颇多，练习书画蔚然成风。代表人物有闫陶军、高学亮、任连志。该村青年董鲁津自2013—2018年获得健美比赛亚军，是国家二级运动员。

1990年，村民自发组织秧歌队、腰鼓队到杨柳青镇参加会演。

2010年，柳青建筑公司接承杨柳青盛兴风云老会，每年元宵节参加西青区会演，活跃西青人民群众的文化生活，增添节日的欢乐气氛，同时也使这一民间武艺得到继承和发展。

五

东碾坨嘴村是由南运河水流冲刷、淤积所形成的村，坐落于南运河东岸，分为前街、后街、胡羊庄街，街道宽6～7米，胡同宽3～5米，均为自发性建设。

1949—1962年，村里没有具体的规划。20世纪70年代中后期，中共十一届三中全会召开，随着农村政策的逐渐落实，社员们的收入不断增加，储蓄额逐年提高。随着经济的发展，20世纪80年代形成建房高潮，村建设发展达到合理布局。2016年10月，村开始拆迁。

1988—1992年，在村工业园区改建冷冻食品厂、物资回收站，村内的铆焊厂、化工厂都迁往村工业园区。村中建有振强钢结构、兆勇石油设备安装有限公司等私人企业。

2017年10月，进行土地整合，村工业园在拆迁范围之内。

六

随着集体经济的发展，社会保障体系日益完善，村民都加入了医疗保险，老年村民每月都领养老金。低保户、残疾人享受政府优抚待遇，村民的生活水平不断提高，精神面貌焕然一新。村内一大批高学历青年占主导地位，他们在各个岗位上成为创业管理的主力军。

回顾过去的岁月，在党、各级政府的领导下，东碾坨嘴村取得了巨大成就。展望美好的明天，按照“以农业为基础，工商业为主要经济来源的集体经济组织，股份经济合作社的发展目标”，实施中共十九大提出的振兴乡村战略，齐心合力，砥砺前行，村民的生活会更加美好。

以习近平新时代中国特色社会主义思想为指导，为高质量发展、绿色发展而努力拼搏。

大事记

明

永乐十八年（1420）

任、王、杜三姓村民由山西洪洞县大槐树下随军前往北京。建都后，在杨柳青南三里夹河湾处定居。

清

康熙四十六年（1707）

正月到二月　康熙帝第一次南巡记载的是在“杨柳青登舟”，应该是从杨柳青夹河湾处上的船（碾坨嘴）。

乾隆五十九年（1794）

三月，乾隆帝御舟经过杨柳青夹河湾处，船在河边搁浅。村民踊跃帮忙，把御舟推出淤滩。乾隆帝赐名该地为东碾坨嘴。

中华民国

1931 年

天津县第三区碾坨嘴公立第八十七小学成立。学校由高盛德、任广顺等人筹建，校址在村关帝庙内，当时教师只有刘敬奎 1 人，有学生 38 人。

1942 年

八路军冀中军区天津地下军手枪队外围第七分队在东碾坨嘴村成立，以李记茶铺为联络点，手枪七分队队长为邢树旺、李震元，队员为任连义、李新元、王学福，王万桐。他们同日本侵略者作斗争，侦查和掌握敌人详细情报，出其不意打击敌人，接待和护送地下工作者人员安全来往，配合各联络站护送和转运军用物资，忠实执行、圆满完成地下组织交给的各项任务。

1948 年

1948 年 12 月，解放天津。在军管干部的领导下，村建立支前委员会，组织 100 余名村民开展支前活动。村民装卸从解放区运来存放在东碾坨嘴村的战略物资，主要有粮草、弹药等。村民负责安排解放军入住，为解放军带路，运送伤员，掩埋牺牲的战士。

1949 年

1 月 13 日，解放天津前夜，国民党的飞机在村东投放两颗炸弹，离大庙（小学校）存放弹药的地方仅约 400 米。

7 月，南运河河水暴涨，雨水成灾。为配合镇政府防汛指挥部布置的任务，东碾坨嘴村组织抢险人员 120 人抢修南运河大堤，阻住河水外溢，保住了村民的生命及财产。

中华人民共和国

1949 年

10 月 1 日，组织群众参加游行活动，庆祝中华人民共和国成立。

1950 年

2 月 1 日至 3 月 14 日，进行土地改革，历时 40 天。

是年，天津县第三区碾坨嘴公立第八十七小学更名为东碾坨嘴小学，徐宝同兼任名誉校长。

1951 年

村开办夜校，开展“学文化、扫盲”活动。

1952 年

开展“三反”（反贪污、反浪费、反官僚主义）运动。

1953 年

成立 4 个互助组。组长李震元、尚连弟、袁广明、任连发。

1954 年

成立信用社，动员群众入股，一股 2 元，入股款达 4000 余元。

1955 年

成立初级社。社长李震元，副社长尚连弟。

1956 年

成立高级社，社长李震元，副社长任连发、袁广明。

是年，由村瓦业队在村西盖建粮食供应站。

1957 年

高级社社长为郝恩堂、李震元。

5 月，根据中共中央《关于整风运动》的指示，开展整风运动。整风运动中，东碾坨嘴大队接收唐雷达、周振英 2 户落户。

1958 年

成立人民公社，实行政社合一体制，社长郝恩堂、李震元。大队办起大食堂，在村东垒炼铁炉，开展大炼钢铁运动。

是年，在村东盖建物资收购站和沼气池。

1959 年

建立广播站。

是年，建窑地烧砖。在运河边盖建抽水泵房 5 座，分别为娄家坟、炮台井、王家园、香火井、嘴尖。

1960 年

侯瑞堂为村党支部书记、生产大队长。

是年，盖建胶木厂，盖建中学班校舍 8 间。

1961 年

盖建米面加工厂、棉花加工厂、竹编厂、木业加工厂、铁业服务组。

1962 年

朱玉龙为村党支部书记、生产大队长。

是年，大食堂解散，东碾坨嘴大队分为 10 个生产队。

1963 年

河北地区发生特大洪水，静海县数百户灾民因分洪暂住入东碾坨嘴村。全村每家每户都腾出房间，安排灾民入住。

1964 年

开展社会主义教育运动，即“四清”（清政治、清经济、清组织、清思想）。“四清”运动中，党员撤销行政职务的 2 人、戴贪污分子帽子的 1 人、受党内其他处分的 2 人。

1965 年

3 月，组建贫协委员会，张文华为贫协主席。

9 月，组织召开贫协全体代表会议。

1966 年

6 月，东碾坨嘴村为方便两岸村民出行，在摆渡口处修东碾坨嘴简易木桥 1 座。

是年，盖建东碾坨嘴小学。

1967 年

成立“大联合”组织，张文华为主任。

1968 年

革命委员会正式成立，张文华为党支部书记、革命委员会主任。

是年，村南建大泵房，开挖村南小河，使沟渠连接，达到耕地条田化，旱涝保丰收。

1969 年

4 月 1 日，中共九大召开，大队组织社员庆祝游行。

8 月 29 日晚 8 点左右，龙卷风经过，村南营房打靶楼的房盖被吹走。

是年，东碾坨嘴村划归杨柳青公社（镇）。

是年，扩建中学教室。

1970 年

是年，村西盖建铆焊厂。

1971 年

是年，村南新建供销社。

1972 年

大队在村南打机井一眼，结束了人们吃河水及浅水井水的习惯。

1973 年

铆焊厂制造自来水水罐（自来水水塔）。

1974 年

开展“批林、批孔”运动。大队办起政治夜校，每周一、三、五晚上组织社员上课学习。

是年，各生产队都购置一台黑白电视机。

1975 年

大队购置 3 台“20”拖拉机。

是年，大队负责铺设主管道，各家各户集资把水引入自家，从此人们不再挑水吃，水桶、水筲失去作用。

1976 年

任富贵为村党支部书记、革命委员会主任。

3 月，大队在村东从东桑园到杨柳青十五街修一条石子道。

7 月 28 日，唐山大地震波及天津一带。当天，党支部组织社员以队为单位到大场搭临建棚，全体社员到临建棚里居住。一周后，每户自建临建棚居住。

1977 年

恢复高考，10 余名回村的知识青年考上西青职专。

1978 年

大队开始落实党的政策，为改造好的地主、富农摘掉帽子。

是年，村里成立积肥队，负责清理垃圾及清掏厕所。

1979 年

村东盖建化工厂。

是年，东碾坨嘴小学更名为东碾坨嘴中心小学。

是年，大队出资在村北修建水泥混凝土桥。

1980 年

水泥混凝土桥竣工，该桥为拱形架桥。

1981 年

大队购置解放牌汽车一辆。

是年，实行家庭联产承包责任制，社员分得责任田。

1982 年

社员自主经营杂货铺 6 家。

1983 年

社员经营建材五金经营部 2 家。

1984 年

实行村民委员会制，任富贵为村党支部书记，董德新为村民委员会主任。

是年，东青路是东碾坨嘴村修建的第一条柏油路（青沙路至杨柳青二中桥）。

1985 年

生产小队解散，主要生产资料骡马大车大队统一定价变卖给个人。生产队队部、牲口棚都作为宅基地，让村民盖民房。

1986 年

李文洪为党支部书记，杨富国为村民委员会主任。

修青园路，以原村东石子道上为基础修建（东桑园到杨柳青十五街）。

是年，修东碾坨嘴到胡羊庄道路，称东胡路。

1987 年

村集资 20 万元将小学校改建至村东。小学校占地面积 11667 平方米，建筑面积 1786 平方米。

1988 年

村工业园建冷藏食品厂。

1989 年

村工业园建钢材改制厂。

1990 年

杨富国为村党总支书记，徐成友为村民委员会主任。

村购置一辆上海牌小轿车。

1991 年

东碾坨嘴村在杨柳青镇率先安装闭路电视。

1992 年

东碾坨嘴村成立社会治安综合治理领导小组。

1993 年

村工业园区盖建冷冻食品厂、物资回收站，村里的铆焊厂、化工厂都迁到村工业园区。

1994 年

村为贫困地区捐献衣服 4033 件。

1995 年

杨富国为村党总支书记，潘学忠为村民委员会主任。

1996 年

村团组织开展爱国主义教育活动。

是年，村残协完成贫散比例，安排残疾人就业。

1997 年

10 月，用横砖修建主要街道及进村的道路。

1998 年

5 月，用横砖修建胡羊庄街道（通往胡羊庄村的道路是以沿运河大堤为基础修建的）。

6 月，长江流域发生特大洪水，东碾坨嘴村村民踊跃为灾区捐款捐物。

1999 年

落实农业土地承包政策，村委会与村民签订土地承包合同。

2000 年

杨富国为村党总支书记，杜华桐为村民委员会主任。

2001 年

根据上级指示，对集体企业进行改制，由民营企业买断承包，村收承包费。私人企业有冷藏食品厂、铆焊厂、振强钢结构、永久网架、富增环保设备有限公司、天津市广华肉类食品有限公司、富森饮料厂、兆勇石油设备安装公司、化工厂、强钢工贸有限公司。

2002 年

金三角批发市场建成，总建筑面积 5.41 万平方米。

2003 年

是年，因东碾坨嘴桥已成危桥，国家出资在原址上重建平板水泥混凝土桥。

是年，村募集衣、被 1647 件。

2004 年

村委会大院办公室重建。

2005 年

进行党员先进性教育，制定村民制度。

2006 年

杜华刚为村党总支书记，杜华桐为村民委员会主任。

新建东碾坨嘴小学，将平房教室建为教学楼。

2007 年

是年，为贯通泽杨道和青静路，部分村民的房屋被拆迁。

是年，因盖建江南城，征收部分村民的承包地。

2008 年

西青区人民政府投资铺建自来水管道通到东碾坨嘴村，人们喝上滦河水和长江水。

5 月 12 日，东碾坨嘴村村民踊跃为汶川特大地震灾区捐款捐物。

2009 年

杜华刚为村党总支书记，杜华桐为村委会主任。

2010 年

由西青区规划、国家出资修建一座双向四车道、中间设隔离带、两边为人行道的现代化的泽杨道大桥。

是年，村里的老人去世给予丧葬补贴 1000 元。

2011 年

10 月 1 日，金三角批发市场租给亿和投资有限公司。

2012 年

杜华刚为村党总支书记，闫陶军为村民委员会主任。

村民在天津市医院看病住院的，医药费报销比例为 55%，在西青区医院看病住院花销满 2 万元的，药费报销 50%，门特报销自费的 50%。凡是农业户口的村民患恶性肿瘤的，每人每月村委会补助 500 元。

是年，村内 80 岁以上的老人，由杨柳青镇派专人每月为每户做一次卫生（做被褥、理发等），90 岁以上的老人过生日时，补助 200 元或买一个生日蛋糕。

2013 年

泽杨道与青静路贯通。

2014 年

由区统一规划，青静路、泽杨道在村南、村东穿行而过。

是年，村里的老人去世给予丧葬补贴 3000 元。

2015 年

政府为防治空气污染，为每户改装暖气炉和提供平价无烟煤。

2016 年

10 月 26 日，村正式开始拆迁，共有拆迁户 1126 户。

2017 年

为防治空气污染，政府为没有拆迁的村民安装电暖气，并取消火炕，给予适当的补助。

9 月，村开始征收土地。

2018年

任兆勇为党总支书记、村委会主任。

2月28日，该村将这一天定为产权制度改革基准日。为土地整合征收村民承包地和村工业园厂房用地。该村农业户口1144户，村民2658人。

9月6日，进行清产核资，集体产权净资产6954.77万元。

10月30日，建御四方批发市场。

12月5日，成立集体经济组织股份经济合作社，任兆勇为合作社社长。

第一章　建置　地理

第一节 建置沿革

一、村庄

（一）东碾坨嘴村的位置及来历

东碾坨嘴村位于天津市西青区杨柳青镇、西青区政府驻地西南约2.3千米，南运河东南岸。1990年，村庄占地面积约22.6万平方米，建筑面积约4.2万平方米。全村有976户2946人。

明永乐年间（1403—1424），村西北角河湾处因常年被水冲刷呈尖嘴形，淤积处呈圆形河滩，因形似碾坨状，村又位于南运河东，得名东碾坨嘴村。

（二）胡羊庄村与东碾坨嘴村

胡羊庄村位于杨柳青镇政府驻地西南约2.5千米。明永乐末年成村，时有一名胡姓老人在该地放牧羊群，取名胡羊庄。

1934年，全村有14户75人，村庄占地面积约20万平方米，建筑面积3000平方米。

1951年，胡羊庄与东碾坨嘴村合并为一个行政村。

河滩地土壤肥沃，蔬菜种植历史悠久。20世纪50年代后，经多年农田基本建设，耕作条件有很大改善。1970年，大队有园田1130亩。20世纪80年代，温室及塑料棚保护地发展到350亩。20世纪90年代，温室增加到180亩，有大、中、小塑料棚630亩。该地所产的大白菜、韭菜、圆白菜等除大量供应天津市民食用外，还远销港、澳地区和东北、西北诸多城市；朝天椒、口茄等蔬菜曾出口日本。

1996年，农业收入769万元。村办工业起步较早，建有冷藏食品厂、竹藤制品厂、化工厂、铆焊厂和钢材制品公司5家企业。工业收入达到2240万元。

工农业的发展使人民生活水平不断提高，由1980年的人均收入168元提高到1996年的3123元，并跨入小康行列。

全村农民住宅于20世纪80年代实现砖木结构排房化。至1985年，建有住宅楼

5 幢。村内通往外界道路为沥青路面，并与青沙公路连通，交通便利。村内有中心小学 1 所，卫生所 4 处。

1993 年，村东化工厂迁入东碾坨嘴工业园，化工厂原址作为宅基地，村民盖新式住房。1995 年后，由于区镇规划，村里一直没放宅基地。2016 年 10 月，村启动平改拆迁。

二、隶属

（一）东碾坨嘴村

清雍正九年（1731），隶属天津县西乡，由杨柳青水陆驿丞管辖。清乾隆四年（1739），隶属天津县西路。清光绪三十一年（1905），隶属天津县巡警西局第十三区。

1912 年，隶属天津县西乡杨柳青警察局。1925 年，隶属天津县三区。1934 年，隶属天津县三区第二编乡。1935 年，隶属天津县三区第二乡。1941 年，隶属天津县杨柳青编乡。1946 年，隶属天津市三区。

1949 年，隶属天津市六区。1951 年，隶属天津县五区。1953 年，隶属天津市西郊区碾坨嘴乡。1958 年，隶属天津市南开区津西公社。1960 年，隶属天津市南开区杨柳青公社。1961 年，隶属天津市南开区木厂公社。1963 年，隶属天津市西郊区碾坨嘴公社。1964 年，隶属天津市西郊区木厂公社。1969 年，隶属天津市西郊区杨柳青公社。1980 年至今，隶属天津市西青区杨柳青镇。

（二）胡羊庄村

清乾隆四年（1739），隶属静海县北路。清同治十二年（1873），隶属静海县北路木厂地练。清光绪二十三年（1897），隶属静海县北乡。

1950 年的土坯房

1960 年的土坯房

1925年，隶属静海县五区。1934年，隶属静海县第十二乡（东桑园乡）。1948年，隶属静海县大沙窝乡（为第十四保）。

1949年，隶属天津市第六区。1951年，隶属天津县第五区。是年，与东碾坨嘴村合为一个行政村，其后隶属关系及农业生产情况同东碾坨嘴村。

第二节 自然环境

一、气候

境内属暖温带季风型大陆性气候。主要气候特点是季风显著，降水集中，冬冷夏热，四季分明。

春季。按自然四季平均于4月8日进入春季，气象上把3—5月作为春季。春季光照较充足，气温回升较快。降水少，大风日数多，常刮西南风，天气晴而干燥，常出现春旱。偶尔出现寒潮大风降温天气，冷暖波动大。春寒、倒春寒年率为52.2%，春播农作物幼苗（如菜豆）常被冻坏。

夏季。按自然四季平均于6月13日进入夏季，气象上把6—8月作为夏季。夏季高温多雨，由于阴天日数多，光照稍次于春季。气温较高，盛行东南风，由其带来的暖温气流与北方冷空气相遇所形成的暴风雨天气，常形成大风、冰雹、沥涝等自然灾害。

秋季。按自然四季平均于9月6日进入秋季，气象上把9—11月作为秋季。秋季降水锐减，日照增多，天高气爽，昼暖夜寒，后期降温急。中午热、早晚凉，当地人称“汆汆天”。秋季常发生冰雹、霜冻等灾害性天气。

冬季。按自然四季平均于12月24日进入冬季，气象上把12至次年2月作为冬季。冬季少雪，干寒，多偏北风。

二、气温

境内年平均气温11.6℃，最高平均气温26.0℃(7月)，最低平均气温-5.1℃(1

月）。历年极端最高气温 40.0℃，出现在 1972 年 6 月 10 日；历年极端最低气温-24.2℃，出现在 1966 年 2 月 22 日。3—5 月，平均气温分别为 4.5℃、12.8℃、19.7℃；6—8 月，平均气温为 23.9℃ ~ 24.9℃；9—11 月，平均气温分别为 19.9℃、12.8℃、4.2℃；12—2 月，平均气温分别为 -2.6℃、-5.1℃、-2.5℃。

三、地温和冻土

境内 0 ~ 20 厘米（以 5 厘米为一间隔）逐层地温，年平均水平值为 14.7℃。全年最热月 7 月，为 30.9℃；最冷月 1 月，为-19.0℃，极端最高地温 68.0℃，出现在 1972 年 7 月 14 日；极端最低地温-27.9℃，出现在 1966 年 2 月 22 日。春季 5 厘米地温稳定通过 12℃，日期在 4 月 6 日，80% 保证率在 4 月 14 日；地温稳定通过 15℃，日期在 4 月 20 日，80% 保证率在 4 月 28 日。可作为喜温作物播种期的标准。

境内冻土日数为 102.9 天，最大冻土深度 56 厘米，为 1977 年 2 月。平均初冻日期 11 月 14 日，解冻日期次年 3 月 15 日，稳定冻土期为 111 天。10 厘米土层平均冻结日期 12 月 14 日，最早 11 月 30 日、最晚次年 1 月 6 日；解冻日期 3 月 6 日，最早 2 月 13 日、最晚 3 月 23 日。30 厘米土层平均冻结日期 1 月 8 日，最早 12 月 21 日、最晚 2 月 4 日；解冻日期 2 月 28 日，最早 1 月 21 日、最晚 3 月 23 日。

四、日照

境内日照时数年平均 2810.4 小时，日照百分率 63.4%。日平均气温稳定大于等于 0℃期间日照总量 2191.3 小时，占年总量的 78%；日平均气温大于等于 10℃期间日照总量 1672.8 小时，占年总量的 60%。11 月至次年 2 月，各月日照总量小于 204 小时，平均每日 6.0 ~ 7.1 小时。3—10 月，各月日照总量大于 230 小时，平均每日 7.4 ~ 9.8 小时，其中 4—6 月日照最多，平均每天 8.3 ~ 9.8 小时。

五、太阳辐射

境内太阳总辐射年总量平均 128.1 千卡/平方厘米，4—6 月光照最强，月总量 13.6 ~ 16.5 千卡/平方厘米，7—9 月总量 12.7 ~ 11.2 千卡/平方厘米。全年 5 月太阳辐射最多，为 16.5 千卡/平方厘米；12 月太阳总辐射最少，为 5.7 千卡/平方厘米。

六、降水

据杨柳青水文站 1957—1980 年 24 年统计资料分析，境内年平均降水量 521.74

毫米。最丰年降水深985.4毫米（1977年），最枯降水深230.1毫米。汛期（7—8月）降水平均373.79毫米，占全年雨量的65.4%。24年中，汛期最深降水深793.2毫米（1977年），最枯降水深149.5毫米（1968年）。

据杨柳青水文站1981—1996年16年统计资料分析，境内年平均降水量521.74毫米，较前24年平均降水量减少49.68毫米，减少8.69%。最丰年降水深723.6毫米，最枯年降水深282.2毫米。汛期（7—8月）降水平均298.39毫米，占全年雨量的57.19%，汛期平均降水量较前24年平均降水量减少75.4毫米，减少4.96%。16年中，汛期最深降水深575.6毫米（1994年），最枯降水深73毫米（1989年）。

据西青区1958—1980年23年资料分析，境内丰水年周期为10年左右。如1964年年降水深748.9毫米，1973年年降水深941.2毫米。也有呈现连丰的年份，如1977—1979年，3年中各年降水深平均约为985.4毫米。丰水年之后往往出现枯水年份，如1977—1979年为丰水年份，1980—1982年呈现连枯的年份。境内枯水年份周期为2～3年，周期较短。

东碾坨嘴村1959—2017年平均降雨量一览表

表1　　　　单位：毫米

年份（年）	降雨量	年份（年）	降雨量	年份（年）	降雨量	年份（年）	降雨量
1959	616	1974	535	1989	283	2004	555.4
1960	527	1975	466	1990	528	2005	476
1961	516	1976	480	1991	482	2006	315.2
1962	596	1977	985	1992	426	2007	410
1963	462	1978	751	1993	401	2008	553.3
1964	712	1979	752	1994	721	2009	530.7
1965	353	1980	461	1995	698	2010	384.5
1966	685	1981	500	1996	528	2011	469.3
1967	513	1982	385	1997	345	2012	724.1
1968	230	1983	452	1998	461	2013	378.4
1969	830	1984	588	1999	366	2014	328
1970	536	1985	593	2000	335	2015	599.5
1971	635	1986	446	2001	467	2016	545.7
1972	298	1987	605	2002	422.8	2017	516.7
1973	830	1988	724	2003	528.5		

第三节 自然资源

一、水土资源

（一）土地资源

东碾坨嘴村共有土地 4300 亩。其中，农业用地 2130 亩，建设用地 1210 亩，坑塘沟渠 220 亩，小学校占地 30 亩，江南城占地 330 亩，非农业用地 380 亩。

2018 年，村集体土地总面积 2261.89 亩。其中，农用地 1063.87 亩，建设用地 1197.41 亩，未利用地 0.61 亩。

（二）地表水资源

1970 年以前，南运河河水基本长年不断，入境水量较多，后逐年减少。1972 年以后，基本是调拨城市排放的污水和地下水（机井、浅水井）进行灌溉。

二、动植物资源

境内野生动植物资源较丰富，后因自然环境影响，种类及数量逐渐减少，有的已绝迹。现尚存并可利用的资源主要有以下种类：

（一）动物

哺乳类：黄鼬、刺猬、獾、蝙蝠、野兔、家鼠、田鼠等。

两栖类：青蛙、蟾蜍等。

爬行类：蛇、蜥蜴、壁虎、鳖等。

鸟类：乌鸦、喜鹊、燕子、麻雀、啄木鸟、鹌鹑、猫头鹰、杜鹃、苍鹰、柳莺、苇莺、鸫、绣眼、金翅雀、朱雀、交嘴雀、蜡嘴、山雀、鸦、云雀、黄雀、斑鸠、黄鹂、伯劳等。

鱼类：鲤鱼、鲫鱼、泥鳅、乌鲤（黑鱼）、鲶鱼、鲢鳙等。

软体类：河蚌、蜗牛、田螺等。

节肢类：蜘蛛、蜈蚣、蜻蜓、蝎子、水蝎子、虾、河蟹等。

环节类：蚯蚓、蚰蜒、水蛭等。

昆虫类：瓢蝉、蝴蝶、螳螂、萤火虫、蝈蝈、马蜂、蜜蜂、蝗虫、蚂蚁等。

（二）植物

境内的主要植物有马齿苋（通称“长寿菜”）、灰灰菜、扫帚苗、野大豆、田旋花、车前草、大黄、紫花地丁、地锦草、小蓟、艾蒿、薄荷、益母草、问荆、虎尾草、狗尾草、马唐、秃喇叭花、鸡爪子草、喇喇蔓子、苣买菜（俗称“曲儿菜”）、芦苇、蒲草、碱蓬（俗称“黄蓿”）、画眉草（俗称“酸溜溜”）、马绊草、三棱草、荭草（俗称“水蓬棵”）、猪毛菜（俗称“扎蓬棵”）、眼子菜（俗称“水上漂”）、苜蓿、大麻子、野菊、蒺藜（俗称“蒺藜狗子”）、独行草（俗称“芝麻盐”）、苍子、马兰（又称“马莲”）、茨茹、紫穗花、蓼草（俗称“鸭儿瑾”）、苲草、蒲公英、稗子。

椿树

马兰

京杭运河水流境，灌溉沃土千万顷。

夹河湾处碾坨嘴，人才辈出地杰灵。

注：石展为碾，碾磨粮，粮在磨盘展出光彩。土它为坨，坨由运河冲淤形为湾坨，积为沃土。此角为口，口也，嘴也，民以食为天，食以口为门。碾坨嘴宝地也。

第二章　中国共产党基层组织

第一节　组织沿革

1948年12月20日，东碾坨嘴村解放。解放区派军管干部领导协助村行政工作，培养发展党员。1949年，发展党员2名，为李震元、任连义。1954年，发展党员2名，为林树明、尚连弟。1956年，发展党员2名，为任连发、杨德荣。1957年，全村党员共6名。是年，成立村第一届党支部，党支部书记郝恩堂。1961年，发展党员20名，党支部书记由村党员担任。1990年，全村有党员70余名。按照镇党委的要求，建立党总支委员会，下设4个分支委员会。

1957—1990年东碾坨嘴村党支部委员一览表

表2

年份（年）	书记	副书记	委员
1957	郝恩堂	郑友金　李震元	—
1958	郝恩堂	陈　武　李震元	—
1959	郝恩堂	任连发　李震元	—
1960	郝恩堂	任连发　李震元	—
1961	林树明	侯瑞堂	朱玉龙　任连发　董润林　董德新
1962	侯瑞堂	朱玉龙	朱全发　董德新　董润林　林树明
1963	侯瑞堂	朱玉龙	董德新　林树明　任连发
1964	朱玉龙	侯瑞堂	董德新　董润林　林树明　任连发
1965	侯瑞堂	高学和　尹树庆	朱玉龙　朱全发　任连发　林树明
1966	侯瑞堂	尹树庆　张文华	朱玉龙　朱全发　任连发　林树明
1967	侯瑞堂	尹树庆　张文华	朱玉龙　朱全发　任连发　林树明
1968	张文华	侯瑞堂　尹树庆	朱玉龙　朱全发　任连发　林树明
1969	张文华	侯瑞堂　尹树庆	朱玉龙　朱全发　任连发　林树明
1970	张文华	侯瑞堂　尹树庆	朱玉龙　朱全发　任连发　林树明

续表 2

年份（年）	书记	副书记	委员
1971	张文华	侯瑞堂　尹树庆	朱玉龙　朱全发　任连发　林树明
1972	张文华	尹树庆　侯瑞堂	王秀山　宋士敏　董德新　林树明　朱玉龙　冯德晶
1973	张文华	尹树庆　侯瑞堂	王秀山　宋士敏　董德新　林树明　朱玉龙　冯德晶
1974	张文华	尹树庆　侯瑞堂	王秀山　宋士敏　董德新　林树明　朱玉龙　冯德晶
1975	张文华	尹树庆　侯瑞堂	王秀山　宋士敏　董德新　林树明　朱玉龙　冯德晶
1976	任富贵	董德新　侯瑞堂	王秀山　朱玉龙　林树明　冯德晶
1977	任富贵	王秀山　董德新	冯德晶　任广江　杨富国　李文洪　朱玉龙　林树明
1978	任富贵	王秀山　董德新	冯德晶　任广江　杨富国　李文洪　朱玉龙　林树明
1979	任富贵	王秀山　董德新	冯德晶　任广江　杨富国　李文洪　朱玉龙　林树明
1980	任富贵	王秀山　董德新	冯德晶　任广江　杨富国　李文洪　朱玉龙　林树明
1981	李文洪	王秀山　董德新	冯德晶　任广江　杨富国　朱玉龙　林树明　任富贵
1982	任富贵	董德新　任广江	朱玉龙　杨富国　王秀山　李文洪
1983	任富贵	董德新　任广江	朱玉龙　杨富国　王秀山　李文洪
1984	任富贵	董德新　任广江	朱玉龙　杨富国　王秀山　李文洪
1985	李文洪	杨富国	董德新　冯德军　孟宪友
1986	李文洪	杨富国	冯德军　孟宪友　董德新
1987	李文洪	杨富国	冯德军　孟宪友　董德新
1988	李文洪	杨富国	冯德军　孟宪友
1989	李文洪	杨富国	冯德军　孟宪友

1990—2018 年东碾坨嘴村党总支委员一览表

表 3

年份（年）	书记	副书记	委员
1990	杨富国	冯德军　徐成友	孟宪友　任兆亮
1991	杨富国	冯德军　徐成友	孟宪友　任兆亮
1992	杨富国	冯德军　徐成友	孟宪友　任兆亮
1993	杨富国	冯德军　徐成友	任兆亮　孟宪友
1994	杨富国	冯德军　徐成友	任兆亮
1995	杨富国	冯德军　潘学忠	杜华桐　杨振河

续表 3

年份（年）	书记	副书记	委员
1996	杨富国	冯德军　潘学忠	杜华桐　杨振河
1997	杨富国	冯德军　潘学忠	杜华桐　杨振河
1998	杨富国	冯德军　潘学忠	杜华桐　杨振河
1999	杨富国	冯德军　潘学忠	杜华桐　杨振河
2000	杨富国	潘学忠　冯德军	杜华桐　杨振河　董庆成
2001	杨富国	潘学忠　冯德军	杜华桐　杨振河
2002	杨富国	杜华桐　冯德军	杨振强　王振丽
2003	杨富国	杜华桐　冯德军	杨振强　王振丽
2004	杨富国	杜华桐　冯德军	杨振强　王振丽
2005	杨富国	杜华桐　冯德军	杨振强　王振丽
2006	杜华刚	冯德军	杨振强　潘学忠　孟庆祥
2007	杜华刚	冯德军	杨振强　潘学忠　孟庆祥
2008	杜华刚	冯德军	杨振强　潘学忠　孟庆祥
2009	杜华刚	—	潘学忠　冯德军
2010	杜华刚	—	潘学忠　冯德军
2011	杜华刚	—	潘学忠　冯德军
2012	杜华刚	—	冯德军　潘学忠
2013	杜华刚	—	冯德军　潘学忠
2014	杜华刚	—	冯德军　潘学忠
2015	杜华刚	—	冯德军　潘学忠
2016	杜华刚	—	冯德军　潘学忠
2017	杜华刚	—	冯德军　潘学忠
2018	任兆勇	—	潘学忠　李家军　何斐然　任富春

2018 年，东碾坨嘴村在册党员 133 人，男 110 人、女 23 人。其中，该村发展党员 86 名，部队入党 29 名，外单位入党 18 名。

2003 年 6 月，柳青建筑公司党支部成立，党支部书记李家胜，委员任兆清、马立平。2006—2018 年，党支部书记李家胜，委员任兆清、李玉红。

第二节　优秀党员

1978 年，任兆亮、任兆清被评为西青区先进工作者。

1989 年，潘学忠被评为西青区先进标兵。

2003 年，王振丽被评为杨柳青镇优秀党务工作者。

2003 年，李家胜被评为杨柳青镇优秀党员。

2008 年，冯德军被评为优秀党务工作者、天津市第二次农业普查市级先进个人。

2011 年，冯德军被评为优秀平安天津志愿者。

孟庆元，曾参加过 2009 年中华人民共和国成立 60 周年国庆阅兵、纪念抗日战争胜利 70 周年阅兵和 2017 年建军 90 周年内蒙古朱日和大阅兵。荣立三等功两次、空军优秀士官人才三等奖。

第三节　党代表

党组织历届代表在上级党委领导组织安排下，由党支部、党总支选举产生，党员代表是村及各个单位的先进党员。

2001—2016 年出席中共天津市西青区党代会党员代表一览表

表 4

年份（年）	姓名	届次
2001	冯德军　任广杰	第八次
2006	冯德军	第九次
2011	冯德军	第十次
2016	任兆清	第十一次

1981—2016 年出席杨柳青镇党代会党员代表一览表

表 5

年份（年）	姓名	届次
1981	宋士敏　杨富国　朱金发　任连群　李文洪　高学和	第四次
1986	杨富国　孟宪友　杨振河　董庆锁　高学和　宋士敏	第五次
1991	杨富国　潘学忠　任广明　周树兰　任兆亮　王振丽	第六次
1996	杨富国　潘学忠　杨振河　任广明　宋士清　任兆喜　王振丽	第七次
2001	杨富国　杨振河　冯德军　王振丽　任广明	第八次
2006	杜华刚　杨振华　冯德军	第九次
2011	杜华刚　冯大港　刘志军　张洪敏　杨振强	第十次
2016	杜华刚　刘志军　杨振强　冯大港　李家胜	第十一次

第四节　政治思想教育

一、新中国成立初期

1950 年，围绕土地改革运动，贯彻《中华人民共和国婚姻法》及抗美援朝运动，利用会议、板报及文艺演出等形式向广大人民群众广泛地宣传土地改革政策、婚姻法章程及抗美援朝的重大意义。通过土地改革运动的宣传，发动、调动人民群众的积极性，掀起斗地主、分田地的高潮；通过抗美援朝运动的宣传，村中2人报名参加中国人民志愿军赴朝鲜作战；通过《中华人民共和国婚姻法》的宣传贯彻，全村广大妇女获得解放。

1950年，组织党员学习华北局编印的党章教材、毛泽东的《反对自由主义》、毛泽东关于整顿党风的报告以及刘少奇的《论共产党员修养》，加强对党员的教育及时事政策教育。

1951年，镇压反革命运动开始，党小组充分利用会议、墙报及报告会等形式，广泛宣传《中华人民共和国惩治反革命条例》。通过宣传教育工作，广大人民群众纷纷揭发、检举、控诉历史反革命分子。

1951—1956年，党员教育经常采用小组会、生活会与支部大会的形式对党员、干部以会代训。教育内容主要以党章为主，结合国际、国内形势和党的各项方针政策教育党员团结群众。

1953年，在西郊区委的领导下，东碾坨嘴村大力组织宣传队伍，深入宣传党在过渡时期总路线及粮食统购统销政策。

1955年，结合第一个五年计划和农业合作化运动，继续宣传党在过渡时期的总路线、总任务及农业合作化政策。

1956—1958年，进行建设高级农业生产合作社、勤俭办社等方针的宣传教育工作，大力宣传党在社会主义建设时期的总路线、总任务及苦干、实干加巧干的思想。

1959年，以宣传中共八届八中全会决议为中心，建立广播站1个，组织1500余人听广播。编写板报10余块，书写标语200余张，召开会议20余次，参加会议人数达2000人次。轮训内容除党章、马克思列宁主义基础知识外，结合学习党的各项方针政策，印发党史课本。

1960—1966年，认真贯彻“以农业为基础，以粮为纲”的方针，大力开展“增产节约”运动。以贯彻中央《关于农村人民公社当前问题的指示信》（即“十二条”）、《农村人民公社条例》（即“六十条”）为中心，结合整风整社，开展爱国主义的宣传教育工作，认真贯彻国民经济的“调整、巩固、充实、提高”八字方针，推动农村经济及各项事业的发展。

1964年，党支部推行“三会一课”（每月召开一次组织生活会、支部会、支部大会和上一次党课）的党员教育制度，以中共中央关于开展“四清”工作的“双十条”及毛泽东的《为人民服务》等著作作为学习训练的重要内容。

1966—1970 年，党员教育和训练处于停顿状态。1971 年，经过整党整风，恢复党支部，重新开始组织生活。

1974—1978 年，大队办起政治夜校。共 22 个班，每个小队两个班，大队副业队两个班。学习辅导员由大队党支部副书记王秀山担任。每周一、三、五晚上借用小学校的教室为各个小队的辅导员进行讲课，各个小队的辅导员再为社员们讲课。学习的内容主要是当时的时事报道及社会发展史等。

二、改革开放后

中共十一届三中全会后，大队党支部对党员继续进行党的基本知识教育，并结合进行理想、纪律及坚持党的四项基本原则（坚持社会主义道路，坚持人民民主专政，坚持共产党的领导，坚持马克思列宁主义、毛泽东思想）的教育，进行端正党风及彻底否定“文化大革命”的教育等。采取并举办党员轮训班、编印辅导材料、支部组织学习（自学或集中）等形式。轮训的主要内容是学习中共十一届三中全会文件、《邓小平文选》、《陈云文选》、中共十二大文件及《中共中央关于经济体制改革的决定》。

1978 年，中共十一届三中全会后，党支部围绕农村经济体制改革，大力培训骨干，利用广播会大力宣传中共中央有关改革的文件，宣传家庭联产承包责任制，及时解决农村经济体制改革中存在的问题。

1981 年，党支部组织基层干部、生产大队长等干部学习讨论《关于建国以来党的若干历史问题的决议》，村委会培训骨干 83 人。

1982 年，以宣传中共中央“十二大精神和精神文明建设为重点，以搞好环境卫生为突破口，结合治理脏、乱、差，大力开展讲道德、讲文明、讲礼貌、讲秩序、讲卫生和提倡心灵美、语言美、行为美、环境美”的“五讲四美”活动。

1985 年，党支部开展普法宣传工作。组织党员干部、职工学习，定期组织考核。

1987 年，进一步推进社会主义精神文明建设，深化党性教育，以推进各项改革。认真开展创建文明单位、文明家庭活动及“深化改革，迈向小康”的大讨论。

1989 年，根据中共西郊区委的部署，开展“扫黄”“除六害”等活动。

1990 年，为进一步加强精神文明建设，党总支成立精神文明建设活动指导员，开展学雷锋活动，开展“爱党、爱国、爱集体、爱岗、爱邻、爱同志和评选遵纪守法户、评选文明户”的“六爱两评”活动。

1992 年，党总支组织党员、干部认真开展“抓机遇、快致富、赶大潮、迈新步、振兴经济”的大讨论。党员、干部进而认清改革开放的大好形势，增强振兴村经济的积极性和自觉性。

1993 年，党总支充分利用各种宣传工具，采取多种形式，加强村民的社会公德、职业道德和家庭伦理道德教育。广泛开展创建文明村、文明街道活动，广泛开展“创文明家庭、遵纪守法户”活动，开展讲卫生、建设美化农村街道、家园活动。

1995 年，党总支进一步加强基层干部的管理和党员目标管理，开展党小组“三为”竞赛。进一步加强“三会一课”制度，进一步建立健全党建工作责任制。

2001 年，开展“三个代表”重要思想学习教育活动，提高村干部素质，让广大党员、干部受到教育，让村民得到实惠。村中各项工作实现跨越式的发展。

2005 年，对党员进行“保持共产党员先进性”教育，完善村民自治章程和制度，制定村民待遇制度规定。

2008 年，对党员进行科学发展观教育。

2010 年，要求党员建立联系户，开展“一帮一”活动。

2014 年，开展“两学一做”学习教育活动，学党章党规，学系列讲话，做合格党员。

2015 年，学习党章、习近平系列重要讲话、纪律处分条例，开展“三规范”大讨论。

2016 年，学习开展“四个意识”学习讨论工作安排，牢固树立“四个意识”主题宣讲、“两学一做”学习教育常态化制度化部署，学习党章及系列讲话，组织生活会及党课。

2017 年，传达习近平“7·26”会议讲话精神及上级党组织要求学习的其他内容。9 月，布置完成“四个服从”相关制度文件。进行中共十八届六中全会学习讨论，喜迎中共十九大。学习中共十九大报告相关内容。12 月，进行 2017 年第四季度

2001 年，东碾坨嘴村“三个代表”重要思想学习教育动员大会

党员测试题。

2018 年，深入学习中共十九大精神，学习《党支部组织生活基本制度口袋书》。布置完成该村民主评议工作。学习中共十九届三中全会精神，严肃换届纪律专题组织生活会。5 月，学习《中华人民共和国宪法 》，严肃换届纪律相关事宜。

2017 年 6 月 10 日，东碾坨嘴村党员重温入党誓词

2017 年 9 月，东碾坨嘴村开党会，布置完成“四个服从”相关制度文件

2018 年 1 月，东碾坨嘴村开党会深入学习中共十九大精神，推行村级权力清单制度及学习《党支部组织生活基本制度口袋书》

2018 年 5 月，东碾坨嘴村开党会，学习《中华人民共和国宪法》

第三章　基层政权建设

第一节 组织沿革

1948—1949 年，保长任广顺。

1948 年 12 月 20 日，东碾坨嘴村解放。至 1949 年，保长任广顺配合军管干部负责村行政工作。

1950—1951 年，农会负责村行政工作，农会主任任连义、高焕文。1952—1954 年，村民委员会负责村行政工作，村主任杨德荣、任兆起。1955 年，初级社负责村行政工作，社长李震元。1956 年，高级社负责村行政工作，社长袁广明。1957—1960 年，人民公社负责村行政工作，社长郝恩堂。

1961—1967 年，生产大队负责村行政工作，大队长侯瑞堂、朱玉龙。1968—1978 年，革命委员会负责村行政工作，主任张文华、任富贵。

1978—1983 年，生产大队负责村行政工作，大队长任富贵。1984—2018 年，村委会主任负责村行政工作，村委会主任依次为董德新、杨富国、徐成友、潘学忠、杜华桐、闫陶军、任兆勇。

村民委员会是基层群众性自治组织，村民委员会主任、副主任和委员由村民选举产生，村民委员会同基层政权的相互关系由法律规定。

村民委员会设人民调解、治安保卫、公共卫生等部门，委员会负责该村的公共事务和公益事业，调解村民纠纷，协助维护社会治安，并向人民政府反应群众意见和提出建议。

1950—2018 年东碾坨嘴村村政领导一览表

表 6

年份（年）	职务	姓名
1950	农会主任	任连义
	农会副主任	高焕文
1951	农会主任	任连义
	农会副主任	高焕文
1952	村主任	杨德荣

续表 6

年份（年）	职务	姓名
1953	村主任	任兆起
1954	村主任	任兆起
1955	初级社社长	李震元
	初级社副社长	尚连弟
1956	高级社社长	李震元
	高级社副社长	袁广明　任连发
1957	人民公社社长	郝恩堂
	人民公社副社长	郑友金　李震元
1958	人民公社社长	郝恩堂
	人民公社副社长	陈　武　李震元
1959	人民公社社长	郝恩堂
	人民公社副社长	任连发　李震元
1960	人民公社社长	郝恩堂
	人民公社副社长	任连发　李震元
1961	生产大队长	侯瑞堂
	生产大队副队长	朱玉龙　任连发　任广芬
	生产大队委员	李怀胜　任兆起　张俊义
1962	生产大队长	朱玉龙
	生产大队副队长	任连发　任广芬　林树明
	生产大队委员	朱金发　董德新　董润林　刘云山　李文才
1963	生产大队长	朱玉龙
	生产大队副队长	任连发　任广芬　林树明
	生产大队委员	朱金发　董德新　董润林　刘云山　李文才
1964	生产大队长	朱玉龙
	生产大队副队长	任连发　任广芬　林树明
	生产大队委员	朱金发　董德新
1965	生产大队长	朱玉龙
	生产大队副队长	任连发　任广芬　林树明
	生产大队委员	朱金发　董德新

续表 6

年份（年）	职务	姓名
1966	生产大队长	朱玉龙
	生产大队副队长	任连发 任广芬 林树明
	生产大队委员	朱金发 董德新
1967	生产大队长	朱玉龙
	生产大队副队长	任连发 任广芬 林树明
	生产大队委员	朱金发 董德新
1968	革命委员会主任	张文华
	革命委员会副主任	侯瑞堂 朱玉龙 董德新 林树明
	革命委员会委员	高学和 张俊义 冯德晶 李文海 尹树庆 任连发 刘家宽 王秀芹 李家顺 朱金发 刘景春
1969	革命委员会主任	张文华
	革命委员会副主任	侯瑞堂 朱玉龙 董德新 林树明
	革命委员会委员	高学和 张俊义 冯德晶 李文海 尹树庆 任连发 刘家宽 王秀芹 李家顺 朱金发 刘景春
1970	革命委员会主任	张文华
	革命委员会副主任	侯瑞堂 朱玉龙 董德新 林树明
	革命委员会委员	高学和 张俊义 冯德晶 李文海 尹树庆 任连发 刘家宽 王秀芹 李家顺 朱金发 刘景春
1971	革命委员会主任	张文华
	革命委员会副主任	侯瑞堂 朱玉龙 董德新 林树明
	革命委员会委员	高学和 张俊义 冯德晶 李文海 尹树庆 任连发 刘家宽 王秀芹 李家顺 朱金发 刘景春
1972	革命委员会主任	张文华
	革命委员会副主任	侯瑞堂 朱玉龙 董德新 林树明
	革命委员会委员	高学和 张俊义 冯德晶 李文海 尹树庆 任连发 刘家宽 王秀芹 李家顺 朱金发 刘景春
1973	革命委员会主任	张文华
	革命委员会副主任	侯瑞堂 朱玉龙 董德新 林树明
	革命委员会委员	高学和 张俊义 冯德晶 李文海 尹树庆 任连发 刘家宽 王秀芹 李家顺 朱金发 刘景春

续表 6

年份（年）	职务	姓名
1974	革命委员会主任	张文华
	革命委员会副主任	侯瑞堂　尹树庆
	革命委员会委员	朱玉龙　董德新　冯德晶　林树明　王秀山　宋士敏
1975	革命委员会主任	张文华
	革命委员会副主任	侯瑞堂　尹树庆
	革命委员会委员	朱玉龙　董德新　冯德晶　林树明　王秀山　宋士敏
1976	革命委员会主任	任富贵
	革命委员会副主任	董德新　侯瑞堂
	革命委员会委员	王秀山　朱玉龙　林树明　冯德晶
1977	革命委员会主任	任富贵
	革命委员会副主任	王秀山　董德新
	革命委员会委员	冯德晶　任广江　杨富国　李文洪　朱玉龙　林树明
1978	革命委员会主任	任富贵
	革命委员会副主任	王秀山　董德新
	革命委员会委员	冯德晶　任广江　杨富国　李文洪　朱玉龙　林树明
1979	生产大队长	任富贵
	生产大队副队长	王秀山　董德新
	生产大队委员	冯德晶　任广江　杨富国　李文洪　朱玉龙　林树明
1980	生产大队长	任富贵
	生产大队副队长	王秀山　董德新
	生产大队委员	冯德晶　任广江　杨富国　李文洪　朱玉龙　林树明
1981	生产大队长	任富贵
	生产大队副队长	王秀山　董德新
	生产大队委员	冯德晶　任广江　杨富国　李文洪　朱玉龙　林树明
1982	生产大队长	任富贵
	生产大队副队长	董德新　李文洪　任广江
	生产大队委员	朱玉龙　杨富国　王秀山

续表 6

年份（年）	职务	姓名
1983	生产大队长	任富贵
	生产大队副队长	董德新　李文洪　任广江
	生产大队委员	朱玉龙　杨富国　王秀山
1984	村民委员会主任	董德新
	村民委员会副主任	杨富国　杨　志
	村民委员会委员	孟宪友　徐成友　任兆亮
1985	村民委员会主任	董德新
	村民委员会副主任	杨富国　杨　志
	村民委员会委员	孟宪友　徐成友　任兆亮
1986	村民委员会主任	杨富国
	村民委员会副主任	杨　志
	村民委员会委员	孟宪友　徐成友　任兆亮
1987	村民委员会主任	杨富国
	村民委员会副主任	杨　志
	村民委员会委员	孟宪友　徐成友　任兆亮
1988	村民委员会主任	杨富国
	村民委员会副主任	杨　志
	村民委员会委员	孟宪友　徐成友　任兆亮
1989	村民委员会主任	杨富国
	村民委员会副主任	杨　志
	村民委员会委员	孟宪友　徐成友　任兆亮
1990	村民委员会主任	杨富国
	村民委员会副主任	徐成友
	村民委员会委员	孟宪友　任兆亮
1991	村民委员会主任	徐成友
	村民委员会副主任	孟宪友
	村民委员会委员	杜华桐　任兆亮

续表 6

年份（年）	职务	姓名
1992	村民委员会主任	徐成友
	村民委员会副主任	任兆亮
	村民委员会委员	杜华桐　杨振河　任富友　董庆锁
1993	村民委员会主任	徐成友
	村民委员会副主任	任兆亮　潘学忠
	村民委员会委员	杜华桐　杨振河　任富友　董庆锁
1994	村民委员会主任	徐成友
	村民委员会副主任	任兆亮　潘学忠
	村民委员会委员	杜华桐　任富友　董庆锁
1995	村民委员会主任	潘学忠
	村民委员会副主任	杜华桐
	村民委员会委员	任富友　郭树琪　董庆锁　董庆成　任兆亮
1996	村民委员会主任	潘学忠
	村民委员会副主任	杜华桐
	村民委员会委员	郭树琪　董庆锁　任兆亮　董庆成
1997	村民委员会主任	潘学忠
	村民委员会副主任	冯德军　杜华桐
	村民委员会委员	孟昭喜　郭树琪　董庆成　孟庆祥　路全贵　黄会军
1998	村民委员会主任	潘学忠
	村民委员会副主任	冯德军　杜华桐
	村民委员会委员	孟昭喜　郭树琪　董庆成　孟庆祥　路全贵　黄会军
1999	村民委员会主任	杜华桐
	村民委员会副主任	冯德军　潘学忠
	村民委员会委员	杜华刚　任广元　李兴林　孟庆祥
2000	村民委员会主任	杜华桐
	村民委员会副主任	冯德军　潘学忠
	村民委员会委员	杜华刚　任广元　李兴林　孟庆祥

续表 6

年份（年）	职务	姓名
2001	村民委员会主任	杜华桐
	村民委员会副主任	冯德军 潘学忠
	村民委员会委员	杜华刚 任广元 李兴林 孟庆祥
2002	村民委员会主任	杜华桐
	村民委员会副主任	冯德军 潘学忠
	村民委员会委员	杜华刚 任广元 李兴林 孟庆祥
2003	村民委员会主任	杜华桐
	村民委员会副主任	冯德军
	村民委员会委员	任广元 潘学忠 孟庆祥
2004	村民委员会主任	杜华桐
	村民委员会副主任	冯德军
	村民委员会委员	任广元 潘学忠 孟庆祥
2005	村民委员会主任	杜华桐
	村民委员会副主任	冯德军
	村民委员会委员	任广元 潘学忠 孟庆祥
2006	村民委员会主任	杜华桐
	村民委员会副主任	潘学忠
	村民委员会委员	任兆勇 任兆清 董庆锁
2007	村民委员会主任	杜华桐
	村民委员会副主任	潘学忠
	村民委员会委员	任兆勇 任兆清 董庆锁
2008	村民委员会主任	杜华桐
	村民委员会副主任	潘学忠
	村民委员会委员	任兆勇 任兆清 董庆锁
2009	村民委员会主任	杜华桐
	村民委员会副主任	潘学忠
	村民委员会委员	任连全

续表 6

年份（年）	职务	姓名
2010	村民委员会主任	杜华桐
	村民委员会副主任	潘学忠
	村民委员会委员	任连全
2011	村民委员会主任	杜华桐
	村民委员会副主任	潘学忠
	村民委员会委员	任连全
2012	村民委员会主任	闫陶军
	村民委员会委员	任连全　高国梅　党丽丽
2013	村民委员会主任	闫陶军
	村民委员会委员	任连全　高国梅　党丽丽
2014	村民委员会主任	闫陶军
	村民委员会委员	任连全　高国梅　党丽丽
2015	村民委员会主任	闫陶军
	村民委员会委员	任富春　高国梅
2016	村民委员会主任	闫陶军
	村民委员会委员	任富春　高国梅
2017	村民委员会主任	闫陶军
	村民委员会委员	任富春　高国梅
2018	村民委员会主任	任兆勇
	村民委员会委员	王亚男　董庆杰

2018 年 6 月 28 日，东碾坨嘴村举办第十届村委会换届选举大会

2018 年 6 月 28 日，东碾坨嘴村第十届村委会换届选举唱票

2018 年 12 月 5 日，东碾坨嘴村股份经济合作社成立

第二节 人大代表、政协委员

1956 年，选举东碾坨嘴村初级社社长李震元为代表，在李七庄出席西青区第二届人民代表大会。

1984 年，选举东碾坨嘴村党支部书记任富贵为代表，在杨柳青镇出席西青区第九届人民代表大会。

1987 年，选举东碾坨嘴村党支部书记任富贵为代表，在杨柳青镇出席西青区第十届人民代表大会。

1990 年，选举东碾坨嘴村李文起为代表，在杨柳青镇出席西青区第十一届人民代表大会。

1993 年，选举东碾坨嘴村党总支书记杨富国为代表，在杨柳青镇出席西青区第十二届人民代表大会。

1996 年，选举东碾坨嘴村党总支书记杨富国为代表，在杨柳青镇出席西青区第十三届人民代表大会。

2001 年，选举东碾坨嘴村党总支书记杨富国为代表，在杨柳青镇出席西青区第十四届人民代表大会。

2006 年，选举东碾坨嘴村党总支书记杜华刚为代表，在杨柳青镇出席西青区第十五届人民代表大会。

2011 年，选举东碾坨嘴村党总支书记杜华刚为代表，在杨柳青镇出席西青区第十六届人民代表大会。

2016 年，选举东碾坨嘴村党总支委员潘学忠为代表，在杨柳青镇出席西青区第十七届人民代表大会。

1956—2016 年参加西青区人民代表大会代表一览表

表 7

年份（年）	姓名	届次
1956	李震元	第二届
1984	任富贵	第九届
1987	任富贵	第十届
1990	李文起	第十一届
1993	杨富国	第十二届
1996	杨富国	第十三届
2001	杨富国	第十四届
2006	杜华刚	第十五届
2011	杜华刚	第十六届
2016	潘学忠	第十七届

1980—2017 年参加杨柳青镇人民代表大会代表一览表

表 8

年份（年）	姓名	届次
1980	尹红军　任富贵　张俊玲　李兴林　徐成友　尔生全	第八届
1984	任广江　董德新　孟宪友　任富贵	第九届
1987	冯德军　朱金发　孟宪友	第十届
1990	冯德军　杨　志　杨富国	第十一届
1993	任兆亮　杨振河　冯德军	第十二届
1996	潘学忠　任广元　王玉俊	第十三届
1999	潘学忠　任广元　王玉俊　杨富国　李文起	第十四届
2002	任广元　李兴林　潘学忠	第十五届
2007	杜华刚　刘树河　张洪敏	第十六届
2012	刘树河　杜华刚　孟宪忠　董庆合	第十七届
2017	孟庆海　高国晶　潘学忠	第十八届

西青区政协委员一览表

表 9

姓名	届次
任广元	第十四届

第三节　治安组织

一、治保会

新中国成立后，为巩固新生的人民政权，根据天津市公安局的指示，东碾坨嘴村设置治安保卫委员会（以下简称“治保会”），人人协助公安机关维护社会治安秩序。

治保会的具体任务是调查特务分子、盗匪的活动，如发生异常，迅速报告上级；教育民兵与群众防奸、防匪、防特；保卫铁路电线；维护社会治安；负责户口登记管理；调解民事纠纷等。

1951 年 6 月，遵照第三次全国公安会议关于组织群众性的治安保卫委员会的指示，村治保会组建后，积极开展工作，检举反革命分子，监督管制地主、富农的活动，组织和带领群众进行反特斗争，保卫村队政权，维护社会治安。

1949—2018 年东碾坨嘴村历任治保会主任一览表

表 10

姓名	任职时间
林树明	1949—1984 年
孟献友	1984—1991 年
杜华桐	1992 年、1993 年、1996 年、1998—2000 年
李家生	1990—1994 年
董庆刚	2001—2005 年
董庆锁	2006—2008 年
任连全	2009—2011 年
杨振强	2012—2013 年
孟庆海	2014—2018 年

二、政法综治

1989 年 8 月，杨柳青镇党委设政法委员会。

1991 年，根据中共中央〔1991〕7 号文件精神，在区委、政法委指导下，建立由公安派出所、人民法庭、法律服务所等参加的镇委政法委员会。随后，建立由 15 个部门参加的综合治理委员会。

1992 年，东碾坨嘴村建立社会治安综合治理领导小组。

三、工作简况

1992 年，东碾坨嘴村配齐治保会工作人员 5 人。配齐信息员 3 人、治安巡逻队员 6 人（其中包括专职 4 人）、帮教队伍 3 人。这 4 支队伍在维护社会稳定中形成治安管理、巡逻防范、民间调解、“两劳”帮教 4 大网络。同时，还狠抓群众的参与层次，村委会与各家户主签订治安责任书，并按责任书的条件定期开展评比遵纪守法户和精神文明户活动。

将村划分几个治安片，各片选出得力的老党员、老干部等担任治安片长，专抓辖区的综合治理工作。另外，村综合治理领导小组、治保会定期（每月一次）召开治安片长会议，由派出所与管界民警予以指导。村做到“小纠纷不出片，大纠纷不出村，即将激化的矛盾不出镇”。此外，加强对 3 年以内“两劳一少”人员的帮教工作，以减少犯罪。通过帮教工作，加强重点治理及民事调解工作，经过安全保卫、加强巡逻等措施，未发生刑事、治安案件及各种纠纷，经市、区验收全部达标。

2003 年，村委会积极开展防治非典工作，外来车辆一律不准进村，对外来人口实行登记制度。

2010—2018 年，村社会治安综合治理领导小组由村主任闫陶军担任组长，治保委员任富春、孟庆海、尔宝光。小组对村里定期进行安全检查，发现问题，工作人员赶赴现场实施救援，组织事故现场人员进行疏散、逃生和财产转移，为现场施救和上级应急队伍提供依据。对伤员进行初步救治，对于伤情严重的人员及时拨打 120 急救。从责任体系、组织结构、措施保障、隐患处理、宣传培训、备案制度、应急救援等方面开展工作，未发现其他隐患。

2012 年至 2017 年 5 月，村委会对金三角批发市场进行集中安全检查，发现市场内存在一些问题：多数商户货物外摆，外来车辆堵塞消防通道；违章搭建两层，超量存储货物；电器线路私拉乱接，违规用火用电；消防水源设置不合理，灭火器严重配备不足；个别商户违规存放、销售烟花爆竹；商户安全意识淡薄。针对该市场存在突出火灾隐患的问题，村委会严格落实防火灾事故的发生，加大对外租企业和死角盲区的检查力度，及时发现、及时整改。对开展安全大排查中因整治不力导致事故发生的，严格追究相关人员的责任。

中共十九大等党和国家重要庆典和节日期间，东碾坨嘴村治安综合治理委员会严盯死守，确保各项工作稳妥、顺利进行，未发生任何安全事故。

第四节 村庄荣誉

1966—1978 年，在根治海河建设北大港水库中，东碾坨嘴村民兵连每年都被评为先进连。

1969 年 10 月，东碾坨嘴大队某革命委员会主任张文华到北京参加天安门国庆观礼，受到毛泽东接见。

1970 年，东碾坨嘴大队被评为天津市先进集体。

1971 年 4 月 17 日，西郊区人民武装部授予东碾坨嘴大队民兵连“四好民兵连”称号。

1976 年，东碾坨嘴大队劳务结合基干民兵连被评为杨柳青镇先进民兵连。

2003—2004 年，村委会荣获天津市精神文明建设先进村。2004 年，被评为计划生育工作标兵单位。

2005—2006 年，村委会荣获中共天津委员会、西青人民政府先进集体、2005 年治安先进集体、天津市民主法治示范村。

2007—2008 年，村委会荣获社会治安综合治理先进集体。2008 年，被评为民主法治村。

2010 年，东碾坨嘴村在创建无传销社区时，被评为先进单位。2010 年 4 月，获全国第六次人口普查先进集体。

2015 年 8 月，天津滨海新区爆炸事故发生后，东碾坨嘴村妇联奉献爱心，为灾区捐款 2000 元，获得“心系灾区真情奉献”证书。

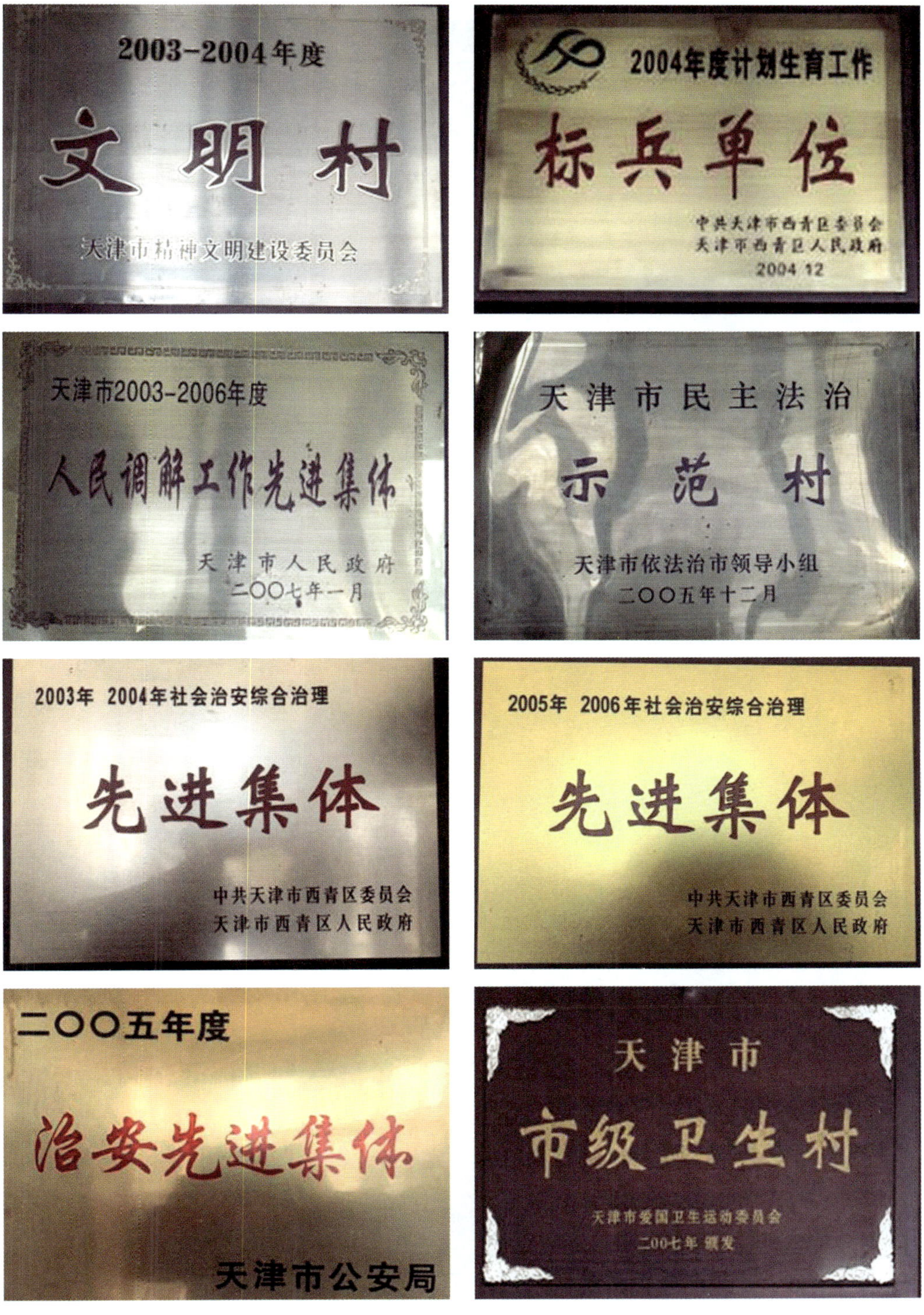
2003-2004年度
文明村
天津市精神文明建设委员会
2004年度计划生育工作
标兵单位
中共天津市西青区委员会
天津市西青区人民政府
2004.12
天津市2003-2006年度
人民调解工作先进集体
天津市人民政府
二〇〇七年一月
天津市民主法治
示范村
天津市依法治市领导小组
二〇〇五年十二月
2003年 2004年社会治安综合治理
先进集体
中共天津市西青区委员会
天津市西青区人民政府
2005年 2006年社会治安综合治理
先进集体
中共天津市西青区委员会
天津市西青区人民政府
二〇〇五年度
治安先进集体
天津市公安局
天津市
市级卫生村
天津市爱国卫生运动委员会
二〇〇七年 颁发
东碾坨嘴村所获荣誉

第四章　群团组织

第一节　共青团组织

一、机构

1949 年 10 月，东碾坨嘴村新民主主义青年团建立，第一任团支部书记董春生，有团员 8 名。1957 年 5 月，改称中国共产主义青年团，简称“共青团”。

1966 年 5 月，“文化大革命”开始，团组织受到严重破坏，共青团被迫停止活动。

1971 年，团组织恢复。1980 年，发展团员达 40 余名。1990 年，发展团员达 30 余名。2010 年，有团员 20 余名。2018 年，有团员 10 余名。

1949—2018 年东碾坨嘴村团支部书记一览表

表 11

姓名	任职时间
董春生	1949 年 10 月—1953 年
董润林	1953—1963 年
李文起	1963—1966 年
宋士敏	1966—1971 年
任兆梓	1971—1975 年
冯德军	1975—1985 年
董庆刚	1985—1990 年
王明媚	1990—1995 年
孟庆齐	1995—2015 年
王亚男	2015—2017 年
何斐然	2018 年

二、活动

历届团组织在党支部的领导下，团结带领全村团员青年开展多方面、符合青年特点、富有时代特征的活动。

20 世纪 50 年代，动员团员青年报名参军，参加土地改革、镇压反革命，参加“三反”等政治活动。农业合作化运动中，广大团员青年在组织的领导下，积极宣传农业合作化，并带头加入农业生产合作社，有不少团员青年担任社长、副社长及其他职务。1958 年以后，广大团员青年积极参加水利建设、深翻土地、积肥造肥等活动，在全村掀起生产竞赛热潮。在党的历次中心工作中，广大团员青年都充当主力军。1956—1959 年，团组织召开两次青年建设社会主义积极分子代表大会。

1979 年，在青年中开展“争当新长征突击手（队）”活动，以激发广大团员青年建设“四化”的热情，涌现出一大批新长征突击手。同时，组织广大青少年开展“采集种树，绿化家乡”“向雷锋同志学习”等活动，向村五保户、困难户、烈军属送温暖。1980 年，组织开展以“生产为中心”的献五株树、五担肥、五元钱活动。同时，开展“青年之家”活动。全年举办 3 项以上活动。1982 年，组织开展“文明礼貌月”活动，建立青年卫生村。1983—1986 年，在全村团员青年中广泛开展“讲理想、比贡献”活动，团村委多次组织现场会。

1991—1992 年，组织开展以“坚持党的领导和社会主义道路”为主题的“了解党、热爱党、歌颂党”系列教育活动；开展组织学习党章小组，举办“学雷锋、讲奉献、送温暖”及“义务植树、绿化家乡”活动。在企业团员青年中开展“争创青年示范岗、技术标兵、技术能手、五小能手”系列活动。1991 年，义务植树 1400 余株，村内完成“青年绿化一条街”。

1992 年年底，在全村企业中涌现出青年示范岗 1 个、技术标兵 1 人、技术能手 2 人、五小能手 1 人。以村办团校、青年之家为阵地，举办机械、化工、财会、林果等专业技术培训班 1 个，培训人员 40 余人。

1993—1995 年，党总支决定把学雷锋活动作为正面教育的长期任务，组织团员青年与村 5 户孤老病残、烈军属及困难户签订“四定一人”服务协议，逐步完善服务内容、提高服务质量。1993 年，把 3 月 1 日定为“学雷锋奉献周”的第一天。“学雷锋奉献周”期间，除对孤老病残、烈军属进行服务外，团员还走上街头打扫卫生、清理街道。1993 年与 1995 年，企业团员青年义务奉献工时达 380 余个，为企业直接或间接创产值 4.5 万元。1993 年，结合全国助残日，开展“为残疾人捐献

1元钱”活动。1994年，团村委的工作重点放在村企业，号召团员青年学科学、学技术、长才干，开展“立足本岗，争创一流”、评选十佳青工等活动；在农业战线上组织开展“五争五创比致富，万人万户达小康”活动。结合推广村人才工程建设，开设大专班1个、中专班1个、短期培训班1个，培训人员130余人。1995年，按照团区委“2241”青年人才工程计划，开展“三年立志成才”活动，有30名团员青年获绿色证书。结合争创青工、五小能手等活动，举办管理大专班、法律中专班、会计班各1个，短期培训班3期，培训人员达34名。

1996年，落实《爱国主义教育实施纲要》，开展以“知西青、爱古镇、建功业”为主题的爱国主义教育活动、学雷锋“四定一人”青年志愿者服务活动，40多名团员青年共做好事70余件。企业青年工人义务奉献工时165余个，多创产值40余万元。落实“2241”青年人才工程，举办中短期技术培训班2期，培训人员达200余名；团干部一线骨干5名参加计算机和财会大专班；5名团员青年获绿色证书，6名团员青年持证上岗。

1996—2007年，村团组织开展爱国主义教育、学雷锋、青年志愿者活动。为村中五保户、困难户、军烈属做好事，开展文明礼貌活动，讲理想、比贡献等，村委会多次组织现场会。

在学雷锋活动中，团员围绕着关爱农民工子女、捐资助学、孝老爱亲、环境卫生等志愿品牌活动，落实结对帮扶制度化，教育引导青少年培养甘于奉献、乐于助人的品质，起到模范带头作用。团员们爱岗敬业，以高度的热情和责任感做好本职工作，以贯彻为主线，不断提高敬业意识。

2007—2017年，村团员集中开展“两学一做”学习教育实践活动，以“学”为基础，以“做”为着力点、落脚点，全面推进共青团员改革和从严治团各项工作，以良好的风貌迎接中共十九大胜利召开。

通过团课的学习，团员青年对共青团有更全面的深刻认识，并坚决拥护中国共产党的领导，遵守团员章程，认真履行团员的义务，努力学习争做一名优秀的共青团员，并积极向党组织靠拢，争取早日成为一名光荣而优秀的中国共产党党员。

第二节 农民组织

1949 年，在军管会的领导下，东碾坨嘴村农民委员会成立，首任主任任连义、高焕文。

按照《中国土地法大纲》和政务院《关于老区城市市郊土改指示》，没收地主的土地、农具、牲畜、粮食。征收富农出租的土地，分配给贫困的农民。在土地改革中，对正当经营的中农、上中农的利益给予保护。执行《三榜定案》，划分阶级，评定成分工作。该村评定地主 17 户、富农 15 户、贫农 110 户、下中农 40 户、中农 20 户、上中农 11 户。

1962 年 4 月，大队分别建立贫下中农委员会。

1964—1965 年，组建贫协委员会，张文华任贫协主席，委员赵井恩、张俊义、黄永顺。1965 年 9 月，组织召开贫协全体代表会议。

贫协组织成员是在“社会主义教育运动”（时称“四清”，即清政治、清经济、清组织、清思想）中由贫下中农民主选举产生的，是“四清”工作团队依靠的主要力量。在“工农兵是革命的主力军”路线指引下，贫协组织声势显赫，具有较大的威力。自 1968 年起，贫下中农开始管理学校，居领导岗位。

20 世纪 70 年代中期后，随着农村形势的变化，贫协组织逐步解体。

第三节 工会组织

2010 年，东碾坨嘴村成立工会组织，参加企业 13 个，参加人员 962 名，工会主席冯德军。工会主要负责维护职工的合法权益，团结教育广大职工，调动一切积极因素，起到密切联系群众的纽带作用。组织职工开展各项文体活动，为困难职工发放补助，开展为一线职工“送温暖、送夏凉”活动。

2010 年东碾坨嘴村工会基础信息统计表

表 12

村辖属企业名称	负责人	职工人数（人）
福利化工厂	任广明	13
兆勇石油设备安装有限公司	董庆杰	36
广华肉类食品	杜富秋	28
希森饮料公司	任富森	16
富增环保设备	杜　旭	26
达奇机械设备	孟凡强	13
金宏展彩色铁粉	王洪涛	6
强钢工贸公司	杜华刚	21
金利成冷冻食品	董庆成	8
柳青建筑公司	李家生	46
顺鑫通信	李家胜	43

第四节 残疾人协会

残疾人协会（以下简称“残协”）成立于 1989 年。随后建立残协筹备小组，对残疾人就业情况进行摸底调查。

20 世纪 80 年代初，东碾坨嘴大队十分重视盲、聋、哑、肢体残疾、智力障碍等残疾人员的安置工作。大队通过开办福利企业，为残疾人开拓就业门路。依照国家对福利企业的优惠政策，从几方面对残疾人实行照顾：残疾人就业后的工资实行工种加照顾的原则，并依照劳动保护条例做好劳动保护工作；对残疾人困难户实行减免农业税和各种公益事业费、义务工费；对残疾人与外地农民结婚申报户口时，予以优先；对从事个体经营者，按照规定减免管理费；对符合入学年龄的残疾儿童和困难户子女及残疾学生凭证可减免学杂费。因此，大批残疾人能自食其力，生活有保证。

1983—1989 年，村、厂安排有劳动能力的残疾人 15 名，福利企业总产值达 102 万元。

1990 年，成立残疾人工作协调委员会，王学强兼任会长。协调委员会的宗旨、要求、职责等都十分明确和具体。至此，残疾人事业有新的发展，他们的工资收入和生活水平接近正常人的水平。无劳动能力的残疾人同农村五保户一样，得到适当安排。

1991 年，进行残疾人的普查工作。对白内障、小儿麻痹症等患者进行康复治疗工作。

1995 年，为加强对残疾事业的领导，村残协作出调整，制定残协成员的职责，对残疾人实行优惠政策的若干规定，并发残疾人证书。村有福利企业安排有劳动能力的残疾人 80 余人。

1996 年，村残协完成分散按比例安排残疾人就业问题，村负责安排残疾人就业的日常工作。

2010—2018 年，村内所有的低保和非低保重残的村民每年村委会送两季温暖，村委会送米、面、油、白糖、绿豆等；为听力残疾和视力残疾者统一补贴电话费；肢体 1～2 级残疾的人员（包括重残、低保、一户多残），村委会有两项补贴，一是护理补贴 100 元，二是生活补贴、水电暖补贴。

第五节　老年人协会

1990 年，在党支部、村委会的领导下，东碾坨嘴村组建老年人协会，并制定《协会章程》。老年人协会设会长、副会长各 1 名，委员 2 名，村委会主任任名誉会长。为了便于活动，老年人协会下设若干个小组。同年，各老年人协会对老年人进行摸底调查。

1990 年，为加强对老龄工作的领导，调整充实老龄委员会组织。老龄委员会的主要职责：大力宣传尊老敬老的社会意义和先进典型；对于尚未实行农民退休养老制度的，村尽快解决农民退休养老问题；加强对敬老院的指导，抓好老年协会和老年活动室的建立工作，为老年人的学习、娱乐创造条件；组织好“两节”（春节、中秋节）庆祝慰问活动，结合评选“幸福老人”活动，召开表彰、庆祝会。春节期间，组织80岁以上老人的慰问活动，开展文体活动，丰富老人的生活。同时，实行五保供给制，村订立五保供养服务协议书，逐步落实供养服务标准。基本达到“老有所养、老有所乐、老有所学、老有所为、老有所医”。

第六节　妇女组织

1949年，在军管会的领导下，东碾坨嘴村成立妇女组织妇救会。1953年，改称妇女联合会。1958年，更名为妇女联合会，选举任广芬为主任。

1978年，该村妇女在种植业、养殖业方面发挥巨大作用，成为发家致富的主要力量，涌现出女厂长、女经理10余人，充分显示妇女在各行各业的地位和力量。

妇联组织积极带领广大妇女认真开展“评优竞赛、双学双比”等活动，在评优竞赛中取得好成绩。

村妇联组织力量兴办托幼事业，十分重视妇女保健工作。1958年，为解放妇女劳动力，村开办托儿所。1986年，村办起托儿所、幼儿园，入托率达70%以上，缓解村民入托难的问题。妇女保健方面，妇联定期组织妇女、儿童的体检、防疫工作，定期开展“三八健康杯”活动 。

第七节　东碾坨嘴村帮贫扶困基金会

东碾坨嘴村民营企业负责人帮贫扶困基金会于2013年3月成立。民营企业负责人帮贫扶困捐款情况如下：

2013 年，杜华刚捐款 40000 元，闫陶军捐款 40000 元，李家胜捐款 20000 元，孟庆义捐款 20000 元，任兆勇捐款 20000 元，毕建华捐款 20000 元，任连志捐款 20000 元，李克捐款 20000 元，李怀斌捐款 20000 元，张绍春捐款 20000 元，李甲辰捐款 10000 元，李志国捐款 10000 元，张志力捐款 10000 元，董庆成捐款 10000 元，王洪涛捐款 10000 元，任兆清捐款 5000 元，任连群捐款 5000 元，王卫东捐款 5000 元，共计 30. 5 万元。

2014 年，杜华刚捐款 40000 元，闫陶军捐款 40000 元，李家胜捐款 20000 元，孟庆义捐款 20000 元，任兆勇捐款 20000 元，毕建华捐款 20000 元，杜富增捐款 20000 元，李甲辰捐款 10000 元，李志国捐款 10000 元，张志力捐款 10000 元，郭树琦捐款 10000 元，孟庆祥捐款 10000 元，任兆清捐款 5000 元，任连群捐款 5000 元，共计 24 万元。

2015 年，杜华刚捐款 40000 元，闫陶军捐款 40000 元，李家胜捐款 20000 元，孟庆义捐款 20000 元，任兆勇捐款 20000 元，毕建华捐款 20000 元，李甲辰捐款 10000 元，李志国捐款 10000 元，张志力捐款 10000 元，任兆清捐款 5000 元，共计 19. 5 万元。

第五章　农业、林业和养殖业

东碾坨嘴村境内的南运河河水哺育着河滩沃土，该村以蔬菜种植为主。1968 年开挖村南小河修建大泵房后，村东的盐碱地被改良成水浇田，实现河网沟渠化。河沟道路两旁都栽种树木，坑塘水面养殖多种鱼类，养殖业也得到发展。

第一节　农　业

一、农业体制变革

新中国成立前，村内农民只有几户经营自己的土地，80% 的农民向地主、富农租种土地，以种植蔬菜为主。另有村民为天津市的高官富豪看坟地，并在看坟地空档种粮食、蔬菜等。运输工具以肩扛、担挑、手推车、小驴车为主，仅有五六家有大马车（胶皮轮）。

1950 年，东碾坨嘴村成立农会，主任任连义、高焕文。在上级党委领导下，进行土地改革和人工等价互助制度。经过土地改革，各家各户都分得土地，农民生产积极性高涨，但许多农民因资金、生产资料不足和生产技术落后，生产中遇到许多困难。1951 年，中央发出《关于农业生产互助合作的决议（草案）》，倡导农业生产互助合作。

二、合作化

（一）互助组

1953 年，村成立互助组。互助组在发展过程中逐步建立各项制度和简单的全年生产计划，规定较为合理的评分计工找价和畜工换人工的等价互利制度，具备初级农业生产合作社雏形。时任社长任兆起，互助组组长李震元、尚连弟、袁广明、任连发。

（二）初级合作社

互助组在农业生产中显示出一定的优越性，但其规模越来越不适应生产形势的发展。1955 年，全国出现农业合作社高潮。村成立初级合作社，社长李震元，副社长尚连弟。

初级合作社的土地和互助组一样，仍为个人所有。按土地质量评级股参加产品分配，收益按土地、劳力分红，一般按劳动力分配占 50%，按地股分配占 50%，即“劳五、地五”。

（三）高级合作社

1956 年，初级合作社开始向高级农业合作社（以下简称“高级社”）转化。同年，村高级社成立。社长李震元，副社长袁广明、任连发。

高级社土地归集体所有，不再按地股分红，实行“各尽所能，按劳分配”的原则。另外分给社员极少部分土地，个人经营的称作自留地，其所有权仍归集体。

三、人民公社

1958 年 8 月 8 日，中共中央作出《关于在农村建立人民公社问题的决议》，根据上级指示，大队成立人民公社。

人民公社实行政社一体制，公社最高权力机构为社员代表大会。公社党委书记称公社书记，公社书记郝恩堂、副书记陈武、李震元。乡长称主任或社长，社长郝恩堂、副社长陈武、李震元。

人民公社成立初期，实行工农商学兵“五位一体”的公社化管理制度。劳动军事化，指公社男女劳动力按班、排、连、营等编组；生活食堂化，指一个生产队建一个食堂，都吃大锅饭；土地、农机具、牲畜等生产资料共产化，指公社内可无偿调拨、占用；产品分配实行供给或半供给制度。后称当时的形势为“五风”（共产风、平调风、浮夸风、瞎指挥风、强迫命令风）。

1960 年年底，中共中央开始对人民公社中泛滥的“五风”进行纠正。1961 年，贯彻落实《农村人民公社工作条例（草案）》。人民公社实行公社、大队、生产队三级所有，以生产队为基本核算单位的体制。此时，以村为一个生产大队，每一个生产大队分为若干个生产队，社员劳动记工分，年终分红，使组织生产和进行分配一体化。东碾坨嘴大队分为 5 个生产队。1962 年，东碾坨嘴大队分为 10 个生产队。

每年年初，大队组织召开小队社员大会，选出生产队长、副队长、妇女队长、会计、保管，组成队委会。队委会成立后，安排全年生产种植计划，完成大队下达的各项任务，队长每天派社员干活，带头参加生产劳动。

1961 年，为增加收入、提高劳动生产效率，对下属生产队实行“三包一奖”和“四固定”的管理办法。“三包”即包产、包工、包成本；“一奖”即超产部分按比例分配给社员；“四固定”即生产大队的劳动力、土地、牲畜、农具固定给生产队经营。生产大队长为侯瑞堂。

1980 年，响应中共十一届三中全会号召，东碾坨嘴大队第七生产队队长任兆亮总结过去生产队管理和组织农业生产的经验教训，大胆试行土地承包到组、联产计酬的生产责任制，生产队只保留车辆、大牲畜、仓储物资等，生产队的职能转变为后勤服务，结果经济效益较生产队为基础时增长三分之一。后又试行农业家庭联产承包责任制形式，该做法调动了村民的积极性，经济效益比承包到组又增长三分之一。

至 1981 年，东碾坨嘴 10 个生产队中有 1 个生产队实行承包到组、联产计酬的生产责任制，9 个生产队实行承包到户、联产计酬的生产责任制。

1983 年，生产队解散，村民全部实行家庭联产承包责任制。

1961—1983 年东碾坨嘴村各生产小队队长一览表

表 13

队名	姓名
1 队	宋士祥　张俊义　王学清　曹富民　任兆喜　高学和　闫永起　宋士清　陈力元　王万福
2 队	任连科　李广来　任兆年　任兆贵　李文忠　米树春　李家顺　任兆奎　任兆发　刘凤悟　李广起
3 队	王学元　任广年　王学增　孟献良　刘永久　李春明　尔生全
4 队	徐丙伊　任富贵　董润林　任广江　王振忠　李志江　杜有祥　任广华
5 队	任兆玉　张志海　任连宏　刘金才　任连奎　李兴林　宋世明　赵志起　任广元
6 队	任广河　杨德荣　杨德有　杨富建　杨富春　董文增　陶恩起　任兆星　任连元　刘艳田　杨　志　任连海
7 队	任兆起　王箴明　路志仁　宋子刚　林树海　尹树青　任兆福　董润齐　任兆亮
8 队	董成旺　任连明　董润章　郑守忠　张润发　张润海　李俊明
9 队	孟昭俊　刘云山　李文才　李怀胜　张宝桐　李树行　黄永顺　孟献有　朱连荣
10 队	孟昭德　孟广顺　王力华　于建成　朱玉奎　黄永才　肖学宾　李文发　孟昭平　孟献河

1961—1983 年东碾坨嘴村各生产小队会计一览表

表 14

队名	姓名
1 队	任兆禄　王万森　冯学芹　周俊起
2 队	李广顺　任玉普　李文广
3 队	王家明　杨树林　庞玉根
4 队	朱金有　李志红　任兆增
5 队	冯德明　宋士明　任连会　赵志起　赵井水
6 队	王晓秋　杨振祥　冯德晶　任连红　任兆玲　冯德坤
7 队	任连森　王秀山　董润连
8 队	张砚平　任成茂　任秀玲　崔树林
9 队	王作福　李文海　李秀玲　刘春和
10 队	孟昭明　朱秀云　齐凤全　张俊亮

1961—2018 年东碾坨嘴村生产大队与村委会会计一览表

表 15

年份（年）	姓名	村队
1961—1984	朱金发　宋子奎　尔生奎　刘凤桐　王家明　董庆玉　李文海　李树江	生产大队会计
1984—2018	朱金发　李秀玲　王振丽　吴维兰　尔宝红　董兰阁　张希云　李志英	村委会会计

四、村民委员会和村民代表

1983 年，人民公社生产大队撤销，实行乡镇村委会制度。村民选出村民委员会成员和村民代表。

农村集体经济组织实行家庭承包经营为基础、统分结合的双层经营体制。农村中的生产、供销、信用、消费等形式的合作经济，是社会主义劳动群众集体所有制经济。

村民代表（村集体经济组织成员代表）应具备的条件：该村年满 18 周岁至 60 周岁以下的村集体经济组织成员；拥护党的路线、方针、政策，遵纪守法；遵守村民自治章程和村规民约，带头执行村民代表（村集体经济组织成员代表）会议通过的各项决议；坚持原则，作风正派，办事公道；热心公共事务、公益事业，代表村民意愿与利益，有较高的群众威信和一定的协调能力；身体健康，有一定的文化水平和参政议政能力；能够按时参加村民代表（村集体经济组织成员代表）会议；依照法律被剥夺政治权利的人除外。

2003—2012 年东碾坨嘴村村民代表及村民小组长一览表

表 16

姓名	政治面貌	姓名	政治面貌
王振忠	党员	董润奇	群众
任广明	党员	李庆华	群众
孟庆祥	党员	刘树河	群众
王秀山	党员	王万秋	群众
孟昭喜	党员	任富华	群众
米玉铁	群众	李兴林	群众
任秀如	群众	王如海	群众
闫永来	群众	任兆鹏	群众
任广元	群众	张润山	群众
潘振洪	群众	任广俊	群众
王万福	群众	赵井水	群众
任富邦	群众	任兆林	群众
闫永起	群众	庞世云	群众
刘永久	群众	尔生奎	群众
任富霞	群众	崔树林	群众
任兆喜	群众	张砚荣	群众
刘树森	群众	王玉俊	群众
李俊桐	群众	闫英生	群众
高敏云	群众	任连荣	群众
孟广敏	群众	刘　成	群众
杨振华	群众	王作涛	群众
李志河	群众	张洪敏	群众

续表 16

姓名	政治面貌	姓名	政治面貌
董庆合	群众	王殿元	群众
王加崎	群众	任连强	群众
赵志财	群众	于桂海	群众
冯金霞	群众	侯树行	群众
李作刚	群众	朱连荣	群众
任富花	群众	任连昌	群众

2012—2015 年东碾坨嘴村村民代表及村民小组长一览表

表 17

姓名	政治面貌	姓名	政治面貌	姓名	政治面貌
任连群	党员	任连帅	群众	任连青	群众
杜富秋	党员	张云会	群众	李甲亮	群众
李家胜	党员	闫永来	群众	任贵成	群众
冯德军	党员	李俊光	群众	闫英生	群众
庞亚丽	党员	魏靖兰	群众	高德英	群众
董庆成	党员	任连凤	群众	徐成芳	群众
董庆锁	党员	张俊艳	群众	刘研居	群众
孟昭喜	党员	闫陶军	群众	赵井水	群众
王家祥	群众	郑宝全	群众	冯金霞	群众
孟兆云	群众	董立强	群众	王殿元	群众
任富春	群众	赵金顺	群众	曹永敏	群众
任连全	群众	杨振霞	群众	孟宪同	群众
董庆连	群众				

2016—2018 年东碾坨嘴村村民代表及村民小组长一览表

表 18

姓名	政治面貌	姓名	政治面貌	姓名	政治面貌
杜富秋	党员	董庆锁	党员	任连全	群众
潘学忠	党员	冯德军	党员	杨振兰	群众
闫陶军	党员	董庆刚	党员	何学英	群众
高国晶	党员	庞亚利	党员	任连帅	群众
杜华刚	党员	孟庆齐	党员	张云会	群众
任富春	党员	张俊艳	群众	任贵成	群众
魏靖兰	党员	王家坤	群众	李淑红	群众
王亚男	党员	闫永来	群众	孟兆云	群众
董庆成	党员	郑宝泉	群众	李俊光	群众
高国梅	党员	孟庆玲	群众	闫英生	群众
冯大港	党员	陆希竹	群众	赵金平	群众
张洪敏	党员	王淑芳	群众	孟宪同	群众
孟昭喜	党员				

2018 年东碾坨嘴村村民代表及村民小组长一览表

表 19

姓名	政治面貌	姓名	政治面貌	姓名	政治面貌
李志江	党员	庞亚利	党员	王家增	群众
杜富秋	党员	王亚男	党员	孟庆玲	群众
王桂祥	党员	董庆锁	党员	孟庆发	群众
潘学忠	党员	李政道	党员	任桂成	群众
闫陶军	党员	孙秀乔	党员	任连帅	群众
高国晶	党员	李志英	党员	赵金平	群众
任兆勇	党员	张洪敏	党员	任兆利	群众
任富春	党员	冯大港	党员	任连旺	群众
李　华	党员	李家军	党员	王卫东	群众
董庆刚	党员	孟庆海	群众	孟兆云	群众
高国梅	党员	董庆杰	群众		

2001—2018 年，随着泽杨道及江南城的开发和征地，2018 年有 1100 亩耕地。从事农业劳动的人员减少，男劳动力有 230 人，女劳动力有 210 人，有一部分人从事个体经营户、建筑业运输、饮食、清洁工等工作。

1949—2017 年部分年份东碾坨嘴村农业人口及劳动力统计表

表 20

年份（年）	农业人口（人）	劳动力（人）		
		合计	男	女
1949	768	206	120	86
1953	1021	412	215	197
1958	1370	599	301	298
1963	1964	680	375	305
1968	2284	872	481	391
1973	2601	1001	542	459
1978	2906	1130	611	519
1983	2650	912	474	438
2000	2659	951	501	450
2017	2659	912	474	438

1961—1978 年东碾坨嘴村大队集体收入、社员分配及税金表

表 21 单位：元

年份（年）	集体收入	社员分配	税金
1961	51176. 04	262863. 63	5770. 43
1962	38059. 83	218101. 14	6000. 63
1963	289302. 46	171201. 74	5664. 03
1964	343124. 43	164881. 51	8490. 77
1965	411994. 83	268654. 14	4720. 63
1966	392180. 68	230253. 55	5563. 25
1967	461498. 63	270729. 23	6291. 2
1968	525436. 73	277634. 83	6838. 01
1969	506211. 36	256378. 05	6570. 89

续表 21

年份（年）	集体收入	社员分配	税金
1970	545060. 22	285479. 19	6859. 15
1971	577004. 79	305652. 55	5929. 74
1972	672228. 6	332876. 85	6363. 46
1973	831603. 03	343868. 85	6154. 75
1974	747237. 65	364741. 29	6041. 54
1975	996561. 5	348296. 75	6041. 54
1976	974411. 68	343844	11946. 48
1977	983882. 68	338851. 46	7068. 1
1978	1280192. 16	443547. 19	16263. 79

2002 年，东碾坨嘴村缴农业税 74937 元，每亩地缴税费 46. 04 元。

2003 年，东碾坨嘴村缴农业税 12324 元，每亩地缴税费 16. 74 元。

2004 年，东碾坨嘴村每人每年平均收入 8000 元，村集体收入 100 万元，各个企业缴税费 20 万元。

2008 年，东碾坨嘴村集体总收入 367 万元，租赁收入 100 万元，发包以及上缴收入 267 万元。

2015—2016 年，东碾坨嘴村集体总收入 800 多万元。

2018 年，清产核资核实后，东碾坨嘴村净资产 6954. 77 万元。

五、农业科技协会

农业科技协会创办于 1999 年 10 月，任广元筹办并任负责人，垫资 10000 元。会长任广元，副会长李兴林、杨振河。有高级职称 1 人、中级职称 1 人、其他人员 20 人。该协会投资项目为无公害蔬菜。

2002 年 3 月 12—14 日，进行科技人员培训，共 40 人。培训地点为东碾坨嘴小学校。聘请西青区农林局和杨柳青镇科技站的专业技术人员担任教师，进行农业专业知识培训，为农民技术职称的评定工作打下基础。

六、蔬菜种植

新中国成立前，因生产条件差，浇菜园子用打波斗、驴拉洋井的方式进行生产，

产量低下，蔬菜种植面积200多亩，品类较少。品种主要有大白菜、土豆、萝卜、山药、西葫芦、冬瓜、倭瓜、黄瓜、豆角、辣椒、香菜、菠菜、大葱、大蒜、韭菜、茄子等，特别是种植的大蒜和倭瓜较有名。大白菜以挖菜窖储存为主，香菜、菠菜以挖窖洞储存为主。

1958年通电后，大队修建5处抽水泵房，园田面积增加到400亩，种植技术得到提高。

1963年，村民学习邻村的种植经验，以阳畦（玻璃窖）育苗、适时倒茬、计划轮作的方法将种植的蔬菜提前2个月上市，丰富市民的菜篮子。

1970年，塑料窝龙、小棚兴起，以扣韭菜为主。东碾坨嘴大队以种植紫皮四六瓣大蒜及蔬菜、种菜籽出名，产品远销各地。大队与天津市蔬菜种子公司签订购销合同，白菜籽、苤蓝籽、黄瓜籽、茄子籽、芹菜籽、香菜籽、茴香籽、葱头籽等收割后，所有的籽种由种子公司派技术人员验收，合格后统一交给蔬菜种子公司。这一时期，蔬菜种植面积600亩。大白菜、韭菜、圆白菜等远销港、澳地区和东北、西北诸多城市，朝天椒、口茄等蔬菜曾出口日本。

到实行农村家庭联产承包责任制时，村民种植蔬菜的积极性空前高涨，除扣小棚外，一部分村民扣起大棚、温室种植蔬菜，并增加许多新品种，有空心菜、油菜、莜麦菜、生菜、香葱、茼蒿、苋菜、苦菊等，满足市场需求的同时，村民得到较好的收益。

1981年实行包产到户以后，蔬菜种植面积达到732亩。

东碾坨嘴村蒜薹

长豆角——线青

辣椒

豌豆角

茄子

西红柿

黄花菜

土豆

西葫芦

地葫芦

生菜

菊花

第二节　林业和养殖业

一、林业

新中国成立前到建国初期，东碾坨嘴村植树主要是在村旁、坑边、院落庙院里。树种主要是国槐、榆树、柳树、杨树，没有成片的树。

绿化带

1965 年，为积极贯彻全国林业会议和华北林业精神，东碾坨嘴大队成立造林组，在农田作业道两旁植树成林。此后几年，坚持自采种、自育苗、自造林的“三自方针”，尤其是 1970 年前后，增强农田基本建设，使沟渠网络化、土地条田化，给植树创造良好的条件，林木品种有榆、柳、杨、槐、白蜡、椿、紫穗槐、荆条等。村南河道两边还种植果树，在南运河边从东园到杨柳青十五街 3 千米地段栽种榆树 12000 余株、紫穗槐 200 余亩。

1984 年，该村 5 户村民在分得的责任田种植红果树、香椿树。是年，2 户村民承包 100 余亩果木园。2000 年，该园建成杨柳青工业园。

2011 年，随着新农村的改造，村东青静路、村南泽杨道两边建有 5 ~ 10 米宽的绿化带。

1968 年栽种在村南小河的白蜡树（2017 年摄）

1968 年栽种在村南小河的槐树（2017 年摄）

二、养殖业

（一）畜类

新中国成立前，村内大牲畜数量不多。骡子只有村里的地主或富农拥有，一般农户仅有少量的驴、猪、羊等。

新中国成立后，畜类有较大的发展。1958 年人民公社化后，村中有大牲畜 50 余头，猪、羊数量有所增加。

1968—1978 年，在上级的号召下，社员每年每户都养 1～2 头猪上交杨柳青收购站，有的农户养一些羊及长毛兔等。这一时期，村内大牲畜达到 150 余头。

1980 年实行家庭联产承包责任制后，大牲畜数量逐年减少，猪、羊、兔由养殖专业户饲养。

（二）禽类

新中国成立前至 1980 年，农户传统自繁自养的禽类数量不多。主要为自产自食，以养鸡为主，出售禽蛋较少，主要养殖鸡、鸭、鹅、鸽等。1965 年以后，有的农户用鸡蛋到供销社换一些日用品及调料等。

1980—2000 年，以养鸡专业户为主体，饲养约千只鸡的有 10 余家，主要养蛋鸡。

2010—2018 年，因拆迁，家禽养殖几乎消失。

（三）鱼类

东碾坨嘴村自建村到新中国成立后，有坑、塘约 10 个，坑、塘中繁育鱼类品种主要有鲤鱼、鲫鱼、鳝鱼、黄瓜鱼、泥鳅、鲢鱼、鳖、青蛙。后因南运河断流水源缺乏，一些坑、塘干枯。1972 年以后，作为房基地填坑盖民宅。

1970—1985 年，东碾坨嘴大队在消防器材厂（前窑坑）养鱼，面积达 100 余亩，主要有鲢鱼、鲤鱼、草鱼等。

1985—1995 年，由个人承包，镇工业园打靶挡鱼塘面积 50 余亩，主要养殖鲢鱼、鲤鱼、草鱼等。

2010 年，娄家坟养鱼基地由个人承包 100 亩鱼塘，主要养殖鲢鱼、鲤鱼、草鱼等。

娄家坟养鱼基地

第六章　工商业

东碾坨嘴村的工商业随着历史的发展进程逐渐发展演变。清末至民国初期，以手工作坊为主，有弹棉花、竹编柳编等；商业有水铺、面铺等。

1949 年，成立供销合作社。1958 年，村先后办起几个加工厂。1978 年后，村工业有巨大的发展。

第一节　传统手工业

东碾坨嘴村过去大部分村民都是贫苦农民。为求生存，村民利用农闲时间从事编席、织篓、织蒲包工作，自产自销。还有人从事纺棉线、打麻绳等工作，为供销社加工，领取加工费。

一、竹编

东碾坨嘴村竹编的传承人是胡羊庄李恩记，他用竹子劈成竹片、篾子，编织成箔子、帘子条等用具。

1958 年，大队成立编织组，从业职工 20 余名。编织组的工人为天津市土产公司和各生产资料门市部加工生产竹编制品，并新添各种型号的菜筐、粪笆挡板等。

1978 年，编织组发展为竹藤制品厂，从业职工达 100 余名。工厂在原来的基础上增加藤制品，工人为天津市土产公司加工烤竹竿子、扎扫帚；为铸石场编织包装筐、笆片；为天津市各区煤建基层店编制煤筐。这一时期，该厂派业务人员到福建、杭州等地采购毛竹、扫帚苗，编好的成品销往各地。

1990 年，该厂分包给个人经营。

2010 年，因拆迁占地，竹编业在东碾坨嘴村消失。

二、弹棉花

新中国成立前，村民为养家糊口，到杨柳青镇为从事棉花加工的业主帮工。弹棉花的车子是用手絮棉、脚蹬劳作，劳动非常辛苦。

1958年，大队办起棉花房，增添弹棉花机器，减轻劳动力度，从业职工20余名。

1978年，规模扩大，成立棉花加工厂，从业职工40余名。

1985年，该厂分包给5户经营。

2018年，东碾坨嘴村仅有董记棉花房还在经营。

董记棉花坊（2017年摄）

三、磨坊

新中国成立前到1960年，村民拿粮食到磨坊用石磨、石碾自推磨面。

1960年，大队成立磨坊，从业人员10余人，主要从事米、面加工。

1985年，该磨坊由个人承包。

2018年，东碾坨嘴村仅有董记磨坊还在经营。

董记磨坊（2017 年摄）

四、瓦业

东碾坨嘴村自明代建村以来，村民搭盖房屋（土坯房）都是以互助的形式。房主把建房材料准备充足后，召请邻居亲友帮忙施工，房主只需按时提供茶、饭即可。这种习俗持续到 1960 年后。

1967 年，大队瓦业组派人到轻机厂、二汽、公用技校、石油设备厂等单位进行厂区施工（成为副业），大队随即成立铆焊厂。随着家庭联产承包责任制的实施，人们的生活水平不断提高，各家各户都在盖房，有的翻新盖砖房、有的要房地基盖砖房，盖房工作主要由瓦业队负责施工，主家负责出施工费。当时，瓦业队分为 5 个施工组，每组约 10 人。另外，瓦业队还到外村、外单位承揽工程进行施工。

天津市柳青建筑工程有限公司（2017 年摄）

1983 年，大队瓦业队由柳青建筑公司管理，柳青建筑公司在此基础上发展壮大。

2001 年以前，柳青建筑公司隶属杨柳青镇企业。2001 年改制后，公司改为民营企业，李家胜为董事长，办公地点位于东碾坨嘴村金三角批发市场，有管理人员 20 余名、项目部经理 30 余名、职工 400 余名，每年创产值亿元左右。

1985 年，任兆清成立东嘴筑路队。2005 年，该筑路队归属柳青建筑公司。

五、木业

木匠是农村的技工，主要从事桌椅、板凳维修制作。主要包括村民建房做门窗、檩条扣楯、房柁制作安装、丧事做棺椁。

20 世纪 60 年代，大队成立木器加工厂。工人除从事以上工作外，还为村民生产小队制作小拉车、胶轮大车，并为西青区生产资料公司加工生产木制农具。

1980 年，木器加工厂从业职工达 50 余名。

六、铁业

1958 年，大队成立铁业组，从业职工 6 名，主要是制造小型铁制农具，包括铁锨、四尺钉耙、镰刀、钉马掌等，也制作白铁用品，包括水桶、水舀子、烟囱等。

1970 年，大队铁业组用镀锌板为每户制作一副白铁桶。

1985 年，铁业组由个人承包。

七、缝纫

1958 年，大队成立缝纫组，从业职工 11 名，主要为村民做衣服、裤子。

1979 年，大队成立缝纫厂，从业职工 30 余名，为天津市制衣厂加工。

八、鞋业

天津解放初期至 20 世纪 70 年代，村中的杨富臣、张富春、任富邦为鞋匠，主要修理、缝补和制作布鞋，缝制牲口套包、马鞍等。

九、扎把子

村民盖房子前先筹集盖房材料，包括砖、木、苇子等。将苇子整理好后，再请人帮忙扎把子。1985 年后，村民收入不断提高，村中盖房的家庭逐渐增多，帮忙助工已经不现实，东碾坨嘴村出现可扎把子的专业户 10 余名。

2010 年，由于平房改造，扎把子行业逐渐消失。

第二节　工业　企业

1958 年，东碾坨嘴大队所办的企业有胶木厂、缝纫厂、竹编厂、棉花加工、磨面、瓦业、木业、铁业、窑地烧砖等，除了胶木厂为天津市药厂加工外，其余都是为各生产队所用、为社员所需。

1970 年，大队在村西建铆焊厂，从业职工 50 余名，产值 10 万元。1980 年，该厂从业人员 150 余名，产值 20 万元。2001 年，该企业改制为民营企业。

1978 年，大队在村东建化工厂，从业职工 80 余名，产值 20 万元。2001 年，该企业改制为民营企业。

1980 年，大队建织物厂、电器安装厂、蜡人厂、注塑厂等，后均因管理不当自行倒闭。

1990 年，村办民营企业 20 余家，有华北衡器有限公司、泰正机械有限公司、三友冷湾型钢厂、天津市兆勇石油设备有限公司、富增环保设备有限公司、富森饮料厂、喷砂厂、广华肉类食品有限公司等。

一、金立成冷冻食品厂

1990 年，在东嘴工业园成立。2001 年企业改制后，该公司改为民营企业，经理董庆成。2017 年，土地整合，该企业拆迁。

二、钢材改制厂

1990 年，在东嘴工业园成立。厂长任富有，从业人员 10 余名，主要生产建筑钢材。1995 年，该厂倒闭。

三、永久网架厂

1990 年，在东嘴工业园成立。厂长郭树琦，从业职工 100 余人。2001 年，该企业改为民营企业，经理郭树琦。2018 年，该厂拆迁。

四、振强钢结构有限公司

1990年，在东嘴工业园成立。负责人郭树琦，从业职工50余名。2001年，该企业改为民营企业，经理郭树琦。2018年，该企业拆迁。

五、环宇印刷厂

1990年，该印刷厂是在张家窝自建的民营企业，经理董庆生，从业职工20余名。

六、华北衡器有限公司

1993年，该公司是在北斜工业园自建的民营企业，董事长毕建华，从业职工100余名。2010年，该公司在日本成立分公司。2016年，该公司迁至杨柳青工业园，主要生产和安装各种类型的衡器，产品经销全国各地。

七、泰正机械有限公司

1995年，该公司是在杨柳青工业园自建的民营企业，董事长李怀彬，从业职工100余名，产品经销世界各地。

八、三友冷湾型钢厂

1995年，该公司是在杨柳青工业园自建的民营企业，经理任连志，从业职工50余名，产品经销全国各地。

九、聚昌捷环保科技有限公司

2001年以前，该公司为杨柳青镇属企业。2001年后，该公司改为民营企业，董事长闫陶军，从业职工100余名。2017年，中央电视台经济频道到该公司采访报道，产品经销世界各地。

十、天津市兆勇石油设备有限公司

2001年，该公司是在东嘴工业园自建的民营企业，董事长任兆勇，从业职工100余名。

十一、富增环保设备有限公司

2001 年，该公司是在东嘴工业园自建的民营企业，董事长杜富增，从业职工 50 余名。2018 年，该公司迁至杨柳青工业园。

十二、富森饮料厂

2001 年，该公司是在东嘴工业园自建的民营企业，经理任富森，从业职工 50 余名。2018 年，该公司拆迁。

十三、喷砂厂

2001 年，该公司是在东嘴工业园自建的民营企业，经理孟庆祥，从业职工 20 余名。2018 年，该公司拆迁。

十四、广华肉类食品有限公司

2014 年，该公司是在金三角批发市场自建的民营企业，董事长杜华刚，从业职工 50 余名。

第三节　商　业

一、供销社

1949 年 5 月，东碾坨嘴村供销社建成，位于后街中部。供销社资金由村民集体入股，入股 192 户 768 人。

供销社成立初期，帮助农民开展织席、织篓、织蒲包、纺线、打麻绳等生产活动，并在村东设立物资收购站。

供销社的购销工作在很长一段时间是在国家计划下进行的，一些生活、生产资料供应是按照政策规定，通过供销社这一经营环节对农业人口和人民群众实行“保障供给”，形成一个独家经营的模式。

二、商贸

新中国成立后，由供销社收购农副产品，开辟外贸出口商品货源的渠道。1970年，东碾坨嘴大队销往香港的大白菜约200吨，贸易额3万多元，主要通过外贸市场蔬菜公司。

1970—1973年，东碾坨嘴村出口朝天椒和口茄。口茄出口达4年，年出口量约百吨，贸易额6万元。朝天椒出口达2年，年出口量约20吨，贸易额约2万元。产品主要销往日本。

三、村办商业

1978年，中共十一届三中全会后，随着集体、个体工商业的发展，东碾坨嘴村建有建材经营部、饮料经营部、化工经营部、朝阳经营部、物资回收经营部，建有小卖部6家。

2002年3月8日，金三角批发市场开工。工程由柳青建筑工程有限公司承建，一期工程投资1431.3万元，5月18日建成并投入使用；二期工程投资632.3万元。两期共投资2063.6万元。一期蔬菜交易区占地面积17750平方米，投资32.3万元，由东碾坨嘴筑路队承建。

在金三角批发市场经商的有20余户，市场管理人员30余人。

2011年10月1日至2013年9月30日，金三角批发市场承租给亿和投资有限公司，承租合同20年。

东碾坨嘴筑路队承建一期蔬菜交易区

2002年3月，正在建设中的金三角批发市场

蓝天金三角商贸

金三角批发市场商贸区（一）

金三角批发市场商贸区（二）

四、商品供应

（一）粮

新中国成立初期，村民各家种粮，自给自足，不足或多余的部分到集市或私人粮店购买或卖出。

1953 年，实行粮食统购统销后，开始对村民实行计划供应，为每人每月供应 20 公斤，村民到粮店购买。1955 年 10 月，根据劳动强度和年龄大小开始实行粮食定量供应，按人口定量分户统计，凭证供应。

1958 年，东碾坨嘴大队办起大食堂，村民统一到粮食供应站购粮，分为养老院食堂、儿童食堂、学生食堂、社员食堂。

1959—1960 年困难时期，实行低指标，以野菜、野粮代替。村民吃的是菜饽饽头，老人、儿童、产妇补助净面饽饽二两。

1961 年，大食堂解散，买粮要用粮本，每人每月定量约 15 公斤。

1983 年，粮食政策开放，开始实行多渠道供应。同时，开放集市贸易。2000 年，按人口定量标准供应停止。

（二）食用油

1954 年，国家关闭食油自由市场，由国家统一经营。3 月，实行食油计划供应，凭油票到供销社购买。社员每人每月供应 200 克，节日临时补助 250 克。

1983 年，食用油实行多渠道供应，按人口定量供应停止。

（三）煤

社员凭煤本到供销社煤店购买，每户每月供应 150 公斤。1990 年，实行多渠道供应，按户定量供应停止。

（四）布、棉花

社员凭布票、棉花票到商场购买所需要的衣料、被料，布票每年每人供应约 6 米，棉花票每年每户供应 0.5 公斤。1983 年，实行多渠道供应，按人口定量供应停止。

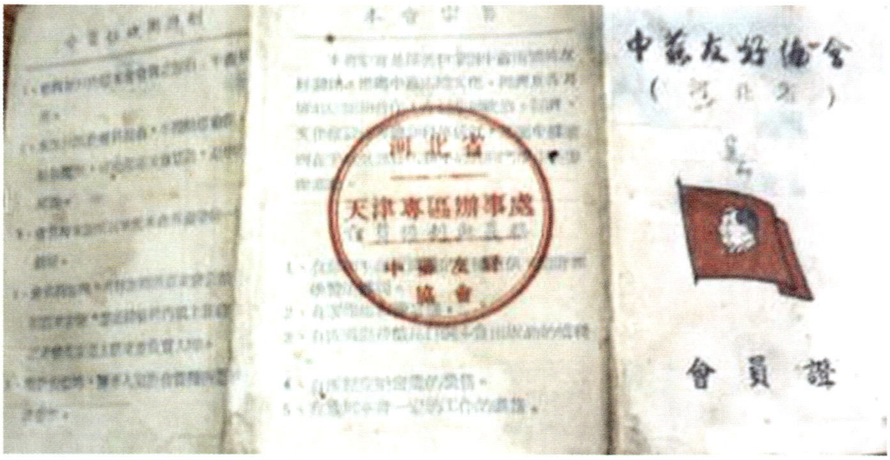

中苏友好协会会员证

居民粮食供应证

粮票

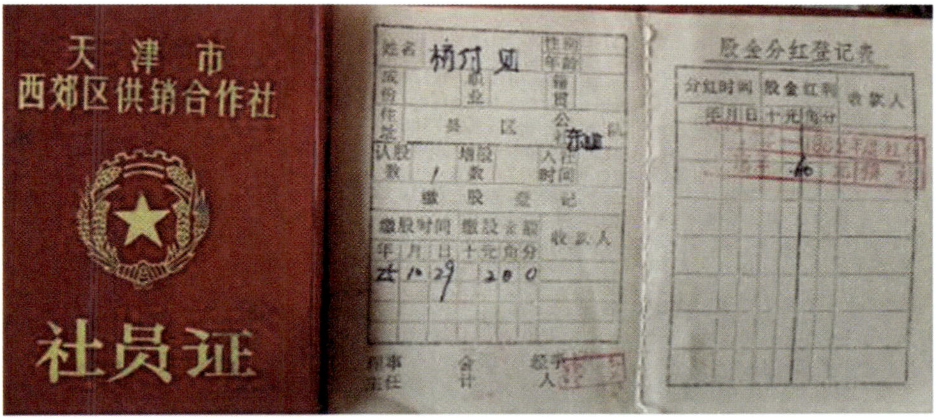

1975 年的供销社社员证

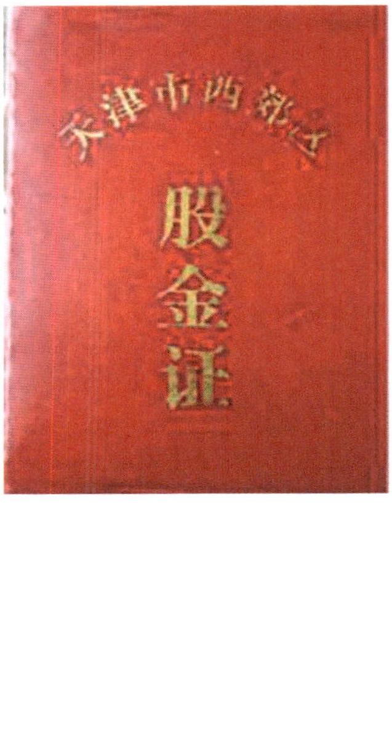

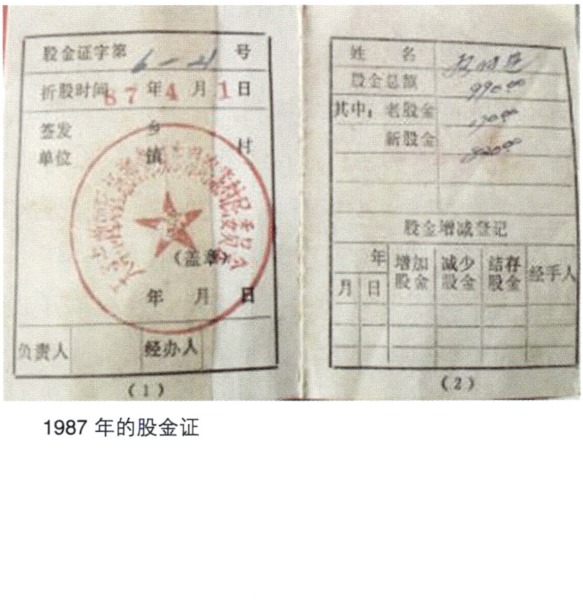

1987 年的股金证

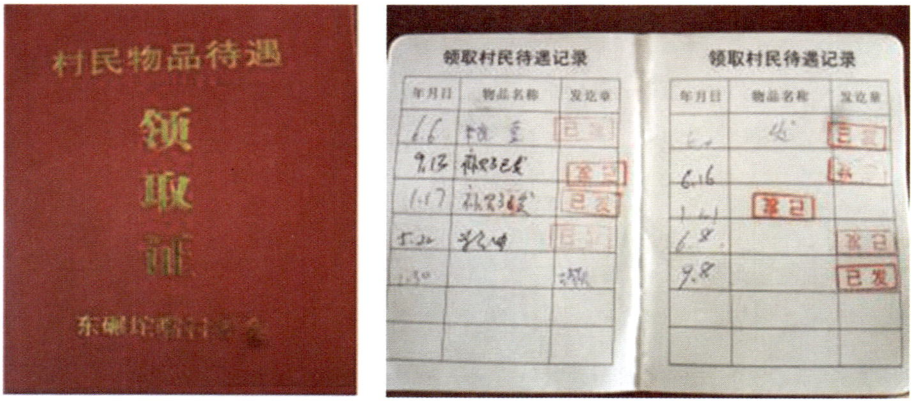

2006 年的村民物品待遇领取证

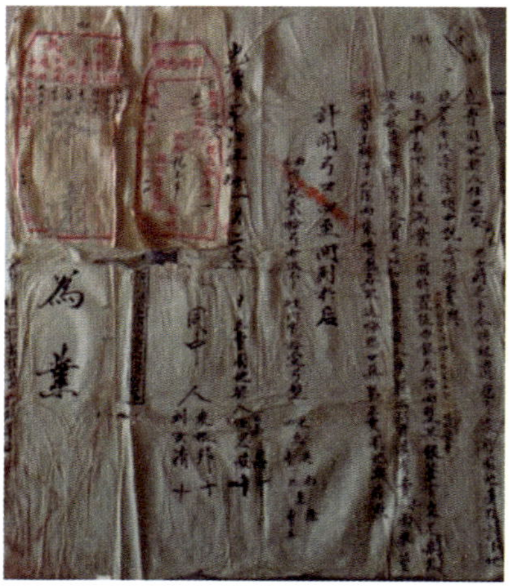

清光绪年间的老房契（杨振祥提供）

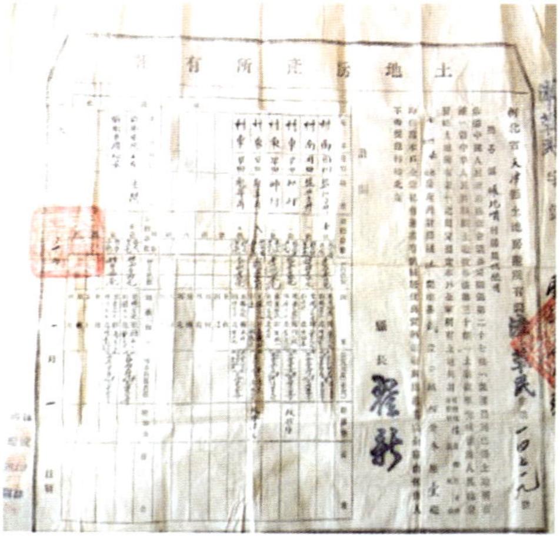

1953 年的房契（杨振祥提供）

五、私人商业

新中国成立前，东碾坨嘴村后街有李家茶铺，以卖开水、面茶为主；前街有潘家茶铺，以卖开水为主；后街有陈记面铺，以卖棒子面、白面、杂粮为主；前街有张家果子铺。前街、后街各有小铺两家，主要经营糖果、油、盐、酱、醋、茶等。这些私人商铺一直延续到新中国成立后。1964 年，私人商铺逐渐消失。

1978 年，中共十一届三中全会后，在改革开放政策的鼓舞下，个体商业开始复兴并迅速发展，村内有小卖铺 8 户、果子铺 4 户。2003 年金三角批发市场建成后，村民从事土产、五金、电料、肉食、水产、干鲜水果、蔬菜、糖果、调料、烟、酒等批发的达 30 多户。

1985 年，在东青路、兴学路有 4 家美发美容店、2 家洗浴店。

2013 年，泽杨道建通，道路两边经营饭店的达 15 户，特别是任记炖菜，以大锅炖棒骨、炖肉、炖鱼、炖鸡为特色。

（一）雨罩产品

1990 年，雨罩产品批发的经营带动了东碾坨嘴村村民到天津周边地区安装雨罩的高潮。至今还有村民从事该行业，经理有任俊秋、孟庆义、董庆锁、孙国凤等。

（二）杂货铺

东碾坨嘴村经营杂货铺商业一览表

表 22

姓名	开业时间（年）	停业时间（年）
孟昭会	1980	2017
郭盛明	1980	1985
管振忠	1980	2010
王玉芳	1980	1990
李树清	1980	2010
余建义	1980	1990
任富春	1980	1985
黄会全	1985	1990
李家生	1985	2017
任贵成	1985	2010
王万全	1985	2014
任富奎	1985	2017
李连胜	1985	1990
李志和	1985	2017
王家庆	1990	2017
孟庆林	1990	2010
冯德晶	1990	2014
冯大港	1990	2017
任兆林	1990	2017

（三）食品类

东碾坨嘴村经营食品类商业一览表

表 23

姓名	经营项目	经营地点	开业时间（年）	停业时间（年）
李加贵	蔬菜	东碾坨嘴村	1985	2010
李俊利	蔬菜	流动批发	1985	—
孟庆友	蔬菜	流动批发	1995	—
宋立国	蔬菜	流动批发	1995	—
闫学根	蔬菜	流动批发	1995	—
任连强	蔬菜	流动批发	1995	—
赵绍军	蔬菜	流动批发	1995	—
王闫军	蔬菜	金三角批发市场	1995	—
王万	蔬菜	流动批发	1995	—
孟宪新	蔬菜	金三角批发市场	2002	—
孟庆亮	蔬菜	金三角批发市场	2002	—
曹义志	蔬菜	金三角批发市场	2002	—
赵金顺	蔬菜	金三角批发市场	2002	—
李树生	蔬菜	金三角批发市场	2002	—
王　南	蔬菜	金三角批发市场	2002	—
李俊旭	蔬菜	金三角批发市场	2002	—
董立强	蔬菜	英伦名苑底商	2010	—
王卫东	食品商贸	金三角批发市场	2002	—
王万民	食品商贸	金三角批发市场	2002	—
赵志斌	食品商贸	金三角批发市场	2002	—
刘树河	家禽	金三角批发市场	2002	—
张云祥	家禽	金三角批发市场	2002	—
管　莹	水产	英伦名苑底商	1990	—
陈洪亮	水产	金三角批发市场	2002	—
张云成	水产	金三角批发市场	2002	—

续表 23

姓名	经营项目	经营地点	开业时间（年）	停业时间（年）
王振起	酒水批发	十五街	1985	1995
任富勤	啤酒批发	杨柳青镇	1987	1994
杜　超	酒水批发	东碾坨嘴工业园	2010	—
王　勇	酒水批发	前桑园	2010	—
任富成	酱制	金三角批发市场	1990	2017
王秀云	茶叶	杨柳青镇	1990	2017
王　超	米面杂粮	金三角批发市场	2002	—

（四）饭店

东碾坨嘴村经营饭店商业一览表

表 24

姓名	经营项目	经营地点	开业时间（年）	停业时间（年）
杨新海	早点	东碾坨嘴村	1985	2017
任连宽	早点	东碾坨嘴村	1990	2012
尔宝新	早点	东碾坨嘴村	2014	2018
任富春	饭店	杨柳青镇	1985	2010
任富华	饭店	东碾坨嘴工业园	1990	2016
黄会军	饭店	东碾坨嘴工业园	1998	2016
李明柱	饭店	杨柳青镇	1990	—
管　莹	饭店	杨柳青镇	1998	2016

（五）建材

东碾坨嘴村经营建材商业一览表

表 25

姓名	经营项目	经营地点	开业时间（年）	停业时间（年）
任富贵	土产五金	东碾坨嘴村	1980	1986
李文华	土产五金	杨柳青镇	1983	2014
任广荣	建材	杨柳青镇	1983	—
孟宪传	土产五金	东碾坨嘴村	1986	2010

续表 25

姓名	经营项目	经营地点	开业时间（年）	停业时间（年）
任富贵	煤制品	东碾坨嘴村	1990	2010
闫学和	煤制品	东碾坨嘴村	1990	2010
崔　凯	煤制品	东碾坨嘴村	1990	2015
赵伟刚	煤制品	东碾坨嘴村	1990	2015
侯树行	煤制品	十三街	1990	2010
孟宪贵	竹木材料	十三街	1990	2010
潘学良	水暖五金	杨柳青镇	1990	—

（六）其他

东碾坨嘴村经营其他商业一览表

表 26

姓名	经营项目	经营地点	开业时间（年）	停业时间（年）
孟庆发	租赁建筑器材	十三街	1990	—
任连胜	租赁喜棚	东碾坨嘴村	1990	—
刘永久	废品收购	东碾坨嘴村	1990	2010
杨洪瑞	复印社	杨柳青镇	1990	—
任广俊	租赁设备	东碾坨嘴工业园	1995	2010
任富军	化妆品	杨柳青镇	1998	—
杨振梅	医药	金三角批发市场	2002	—
王贵祥	旅店	杨柳青镇	2010	—
任连秋	超市	英伦名苑底商	2015	—

第七章　军　事

辛亥革命以来，东碾坨嘴村村民多遭灾难。“七七事变”后，该村成立八路军手枪队第七分队。1949 年，村成立民兵组织，开展支援前线、维护社会治安活动，并成为解放军的后备力量。每年该村都有青年应征入伍。

第一节　民兵建设

1949 年，在军管会的领导下，建立民兵队，共有民兵 30 人。

1958 年 7 月，中央军委提出实行“全民皆兵”的方针。是时，东碾坨嘴村自上而下实行班、排、连的建制。实行全民武装，适龄的男性青壮年和复员退伍军人均编成民兵，并进行军事训练。

1962 年，东碾坨嘴大队设民兵连，生产队设民兵排。在干部配备上，设副连长，确定 1 名支部委员兼管民兵工作。民兵排长参加生产队管委会，任委员。年龄上，连、营干部 35 岁左右，复员军人可延长 2 岁；排长 25 岁左右，最大年龄不超过 28 岁。

1969 年 9 月，根据天津市革委会、支左联络站、警备区的指示，对民兵进行整顿，组建基干民兵、战备连。参加基干民兵的条件：18 ~ 25 岁的男性基干民兵（复、退军人）可延长到 30 岁，政治条件按照征兵条件参照，身体条件按照征兵目测标准执行。

1981 年 3 月 9 日，中共中央、国务院、中央军委批转总参谋部、政治部《关于调整民兵组织问题的报告》。该次调整主要是缩小范围，压缩年龄，简化组织层次，并把民兵制度和预备役制度结合起来。根据指示，东碾坨嘴大队民兵组织在各方面也进行适当的调整。

1985 年，根据中央的“减少数量，提高质量，突出重点，打好基础”的精神，民兵组织进行较大的调整。整顿后，东碾坨嘴村设民兵连 1 个，有基干民兵 35 人(其中女基干民兵 2 人)、普通民兵 56 人。

20 世纪 90 年代，为适应改革开放的新形势，民兵连进一步调整和健全民兵应急分队和巡逻小分队，以配合社会治安综合治理。

1992 年，按照《天津市民兵建设纲要》（津党发〔1991〕2 号文件）的要求，开展民兵连队“三落实”达标工作。在杨柳青镇树立 3 个过硬的典型连队，使达标工作得到普及和提高。在贯彻中共中央〔1991〕22 号文件中，按照《民兵工作条例》要求，加强民兵基层组织建设。1990—1992 年，落实武装部和民兵工作标准化管理，民兵工作改革同企业改革同步进行。

1992—2018 年，民兵改为预备役，每年都由区、镇武装部进行军事训练。

第二节　军事训练

20 世纪 50—60 年代（尤其是 1964 年前后），民兵训练以各基层单位自训为主，进行单一的步兵训练，体现“劳武结合”“平战结合”，即把武器带到田间地头进行机动训练，实行全训制度。

20 世纪 70 年代，民兵工作逐渐恢复，并不断加强整顿。训练时间、项目等各方面逐步调整和完善。

一、训练对象

民兵训练主要是民兵连长、排长的训练。

1992 年，民兵实行规范化训练，坚持按纲施训，并安排实弹射击、实弹投掷、实弹爆破等项目。根据区武装部的规定，落实应急分队的训练，不断提高快速反应和执行应急任务的能力。在训练中不断整顿，健全民兵应急分队和巡逻小分队的组织，要求结合生产做好护厂、护村等自护性活动。主要协调好与公安、治安联防组织的关系，建立健全制度，充分发挥民兵在社会治安综合治理中的作用。

二、武器装备

建国初期，基层民兵连队的武器大部分是解放战争时期缴获的战利品，少部分是部队淘汰下来的旧武器，如“汉阳造”“皮套”“三八大盖”等。1966 年 5 月，民兵所用武器均由部队淘汰下来的旧品补充。1967 年 8 月，民兵武装备由区武装部集中库存。1969 年 2 月，又如数下发。1971 年，为民兵装备了一些较新的武器，有“六三式”“五六式”步枪和“五六式”冲锋枪及机关枪。

1986 年，民兵的所有枪械由区武装部集中库存管理。

三、训练场地

1984 年，西郊区武装部在杨柳青镇开辟宽敞的训练基地。训练场地占地面积约 9.2 万平方米，建筑面积 2520 平方米。主要建筑为教学楼（1304 平方米）和高炮库。训练场地有射击场、战术场、投弹场、障碍场、爆破场、通信场、高机训练场，面积达 8000 平方米，配有单杠、双杠、篮球、跳马等体育器械，可容纳 150 人训练、食宿，为杨柳青镇民兵训练提供了有利条件。

中共十三届八中全会后，镇武装部认真贯彻中共中央〔1991〕22 号文件，按《民兵工作条例》的要求，做好军事训练活动。1992 年前后，重视抓好应急分队的训练，促使其不断提高快速反应能力。

1996—2018 年，根据区政府和预备役六团的指示，杨柳青民兵预备役的训练成果接受师和警备区的检查和验收。

20 世纪 60 年代的东碾坨嘴村民兵

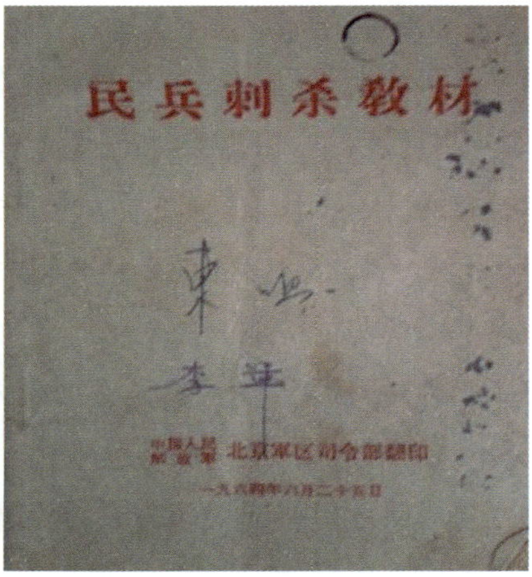

民兵训练手册

第三节 优属 抚恤

一、优属

东碾坨嘴大队对军属的慰问已形成优良传统。最初，在军属门前悬挂光荣灯、军属牌匾，以示赞扬。每逢“八一”建军节和春节，有关人员携带一定数量的慰问品对烈、军属逐户慰问。同时，组织中小学生帮助烈、军属打扫卫生及做其他家务劳动，并规定几个学生负责一户烈、军属作为服务对象。

20 世纪 90 年代初，对烈、军属的节日慰问更加深入。每年的“八一”建军节期间开展一次宣传月活动，利用各种宣传工具，采取多种形式宣传人民解放军的丰功伟绩和东碾坨嘴大队拥军优属活动中的好人好事，举办国防教育讲座和拥军优属知识竞赛等活动。为有效开展慰问活动，东碾坨嘴村还成立拥军优属走访慰问小组，村主要领导任组长，亲自带队对驻军部队和优属对象进行走访慰问。村、厂、校在“八一”建军节期间为优属对象做好事，与驻军部队结对子，开展军民共建文明单位的活动。

二、抚恤

1991 年，东碾坨嘴村为受抚军人平均每人给予 337 元。

对残疾军人的抚恤和安置工作，解放初期主要是分配土地和住房。对丧失劳动能力的，予以代耕代收；为回村内的非农业者安排适当的工作，使他们的生活水平不低于一般群众。农业合作化以后，以照顾劳动日或工分为主，对特殊有困难的军人补助抚恤优待款。

1978 年后，除对丧失劳动能力的军人给予抚恤款或补助款外，其余大部分军人被安置在镇或村中的工业企业内，非农业者由国家或当地政府分配工作。

军属的优待形式随着农村经济体制变革而变化。解放初期，主要是代耕、代种、代收。人民公社后，对军属实行优待工分，对军属和复员退伍转业军人生活困难者，一般给予定期或临时补助。

20 世纪 80 年代，对军属的优待实行优待现金的办法，现役军人与社员一样分给自留地和责任田，对现役军人家属每月补助相当于当地一个劳动力 70% 的收入。

20 世纪 90 年代初，按镇政府 1990 年颁布的《“征兵、优待、安置”三结合暂行规定》，对军属执行优待。属农业户的义务兵家属保证对每个义务兵发给相当于当地一个劳动力 70% 的收入，一般年终一次发给。同时，义务兵在服役期间获得荣誉称号或立功者，按一定比例增发优待金。

第四节 复员退役军人安置

1958 年，根据国家规定，义务兵退伍复员后，大部分回乡劳动或回原工作单位工作。对回乡劳动的复员军人，生产队从生产、生活上予以适当照顾，着重帮助他们解决土地和住房问题。在农业生产中，复员军人发挥了积极作用，大部分成为农业战线上的骨干力量，许多人被推选为村或镇的干部。此后，复员军人的安置基本由当地政府统一安排。

20 世纪 80 年代初，对复员退伍军人的安置采取区别对待、适当安置的办法。1984 年起，按照新规定，农村义务兵服役期间立三等功及以上者，以及因公致残有劳动能力的三等乙级以上者，政府统一分配工作。回农村的退伍军人安排在镇办或村办企业部门工作。1987 年起，对义务兵采取“征兵、优待、安置”三结合的安置办法，农村青年在接到入伍通知书后即明确退伍回乡的安置去向。

东碾坨嘴村解放军退伍军人一览表

表 27

姓名	政治面貌	学历	入伍时间	退伍时间	备注
董润生	群众	—	1948 年	—	解放战争
闫永发	群众	—	1948 年	—	解放战争
张宝生	群众	—	1950 年	—	抗美援朝
冯德明	群众	—	1958 年	—	—

续表 27

姓名	政治面貌	学历	入伍时间	退伍时间	备注
张文华	党员	小学	1959 年	1961 年	—
任连瑞	群众	小学	1959 年	—	—
董庆海	群众	初中	1960 年 3 月	1965 年 1 月 6 日	—
任广明	党员	初中	1961 年 9 月	1965 年 2 月 20 日	—
董润海	党员	小学	1962 年	—	—
任广平	党员	小学	1962 年 8 月	1968 年 3 月	—
陈井田	群众	小学	1964 年	—	—
杨富国	党员	小学	1964 年 3 月	1969 年 3 月 30 日	—
张俊荣	党员	小学	1965 年	—	—
林树河	群众	小学	1965 年	—	—
张砚华	群众	初中	1965 年 3 月	—	—
李　军	党员	初中	1967 年	—	—
米树华	群众	小学	1969 年	—	—
李树祥	党员	小学	1969 年	—	—
于贵河	群众	小学	1969 年	—	—
任广荣	党员	小学	1969 年	—	—
尹红军	党员	小学	1970 年	—	—
李文清	群众	小学	1970 年	—	—
任兆泉	群众	小学	1970 年	—	—
任连彬	群众	小学	1970 年	—	—
董润起	群众	小学	1970 年	—	—
任连华	党员	初中	1970 年 12 月	1978 年 3 月 14 日	—
杨振河	党员	初中	1970 年 12 月 1 日	1977 年 3 月 15 日	—
张树林	群众	小学	1972 年 12 月	1975 年 12 月	—
徐成发	党员	小学	1972 年 12 月	—	—
任兆春	党员	小学	1972 年 12 月	—	—
王秀云	党员	初中	1972 年 12 月	1976 年 3 月 8 日	—
李文全	群众	初中	1972 年 12 月	1976 年 3 月 3 日	—

续表 27

姓名	政治面貌	学历	入伍时间	退伍时间	备注
王作清	党员	小学	1972 年 12 月	1976 年 3 月 3 日	—
任富江	群众	初中	1973 年 2 月	1976 年 3 月 25 日	—
刘春海	党员	小学	1973 年 1 月	1977 年 3 月 1 日	—
孟宪伯	党员	初中	1973 年 1 月	1978 年 4 月 1 日	—
孟宪贵	群众	初中	1973 年 1 月	1976 年 3 月 1 日	—
王万全	群众	初中	1974 年 12 月	1978 年 4 月 29 日	—
任富成	党员	初中	1974 年 12 月	1980 年 1 月 8 日	—
任连锁	群众	初中	1975 年 1 月	1979 年 9 月 5 日	—
孟宪明	党员	初中	1975 年 1 月	1979 年 3 月 20 日	—
张付营	党员	初中	1976 年 3 月 1 日	1981 年 11 月 3 日	—
任连群	党员	初中	1977 年 1 月 1 日	1983 年 1 月 1 日	—
刘月祥	群众	初中	1978 年	—	—
任连和	群众	初中	1978 年 3 月	1980 年 1 月 1 日	—
董庆友	群众	小学	1978 年 3 月	1983 年 1 月 1 日	三等功
任贵成	群众	初中	1978 年 3 月 1 日	1982 年 1 月 1 日	三等功
任富全	群众	初中	1978 年 3 月 1 日	1982 年 1 月 1 日	—
朱连发	群众	初中	1978 年 3 月 1 日	1982 年 1 月 1 日	—
李作明	群众	初中	1978 年 3 月 5 日	1980 年 12 月 3 日	—
李志海	党员	初中	1978 年 11 月 26 日	1985 年 1 月 1 日	—
董庆锁	党员	初中	1978 年 12 月 26 日	1985 年 1 月 1 日	三等功
李作亮	群众	高中	1978 年 12 月	1982 年 12 月 3 日	—
杜富连	群众	初中	1979 年	—	—
孟宪同	群众	初中	1979 年 1 月 1 日	1983 年 1 月 1 日	—
孟昭来	群众	初中	1979 年 1 月 1 日	1984 年 1 月 1 日	—
刘树泉	群众	初中	1979 年 1 月 1 日	1983 年 1 月 1 日	—
齐俊民	群众	初中	1979 年 1 月 1 日	1983 年 1 月 1 日	—
王学军	群众	初中	1980 年 1 月	1984 年 1 月 1 日	—
李秀坤	群众	中	1980 年 1 月	1983 年 1 月 1 日	—

续表 27

姓名	政治面貌	学历	入伍时间	退伍时间	备注
任兆强	群众	初中	1980 年 1 月 1 日	1983 年 1 月 1 日	—
李志河	群众	初中	1980 年 1 月 1 日	1983 年 1 月 1 日	三等功
高小勇	群众	初中	1980 年 1 月 1 日	1982 年 1 月 1 日	—
闫学亮	群众	初中	1980 年 1 月 1 日	1983 年 1 月 1 日	—
孟宪铁	群众	初中	1980 年 1 月 1 日	1984 年 1 月 1 日	—
刘俊杰	群众	初中	1980 年 1 月 1 日	1984 年 1 月 1 日	三等功
杨　强	群众	初中	1980 年 1 月 5 日	1983 年 1 月 1 日	—
宋建民	群众	初中	1980 年 11 月 14 日	1984 年 1 月 1 日	—
张俊同	群众	初中	1980 年 11 月 14 日	1984 年 1 月 1 日	—
孟庆明	群众	初中	1980 年 12 月	1984 年 1 月 1 日	—
王连强	群众	初中	1981 年 1 月 1 日	1984 年 1 月 1 日	—
杜华新	群众	初中	1981 年 9 月	1985 年 2 月 20 日	—
王作明	群众	初中	1981 年 10 月 21 日	1986 年 1 月 1 日	—
赵建国	党员	初中	1981 年 10 月 30 日	1995 年 12 月 1 日	—
王言成	群众	初中	1982 年 12 月 1 日	1986 年 1 月 1 日	—
任连河	党员	初中	1983 年 10 月 31 日	1987 年 10 月 9 日	—
王志刚	群众	初中	1983 年 10 月 31 日	1987 年 10 月 9 日	—
朱学军	群众	初中	1984 年 10 月 1 日	1989 年 2 月 25 日	—
孟宪清	群众	初中	1984 年 10 月 1 日	1989 年 2 月 25 日	—
王春生	群众	初中	1984 年 10 月 25 日	1989 年 3 月 1 日	—
孟庆海	党员	初中	1985 年 1 月	—	三等功
孟宪友	党员	初中	1990 年 12 月 1 日	1994 年 12 月 1 日	—
庞亚利	党员	初中	1990 年 3 月 1 日	1993 年 12 月 1 日	—
贾利军	党员	初中	1991 年 12 月 1 日	1996 年 12 月 30 日	—
孟宪印	群众	初中	1991 年 12 月 1 日	1994 年 12 月 1 日	—
宋德强	党员	初中	1992 年 12 月 1 日	1996 年 12 月	—
陈　勇	群众	初中	1993 年 12 月 1 日	1996 年 11 月 25 日	—
孟庆辉	党员	初中	1995 年 12 月	1998 年 12 月	—

续表 27

姓名	政治面貌	学历	入伍时间	退伍时间	备注
孟　凯	群众	初中	1997 年 12 月 1 日	2000 年 12 月 1 日	—
李　正	党员	中专	1999 年 12 月	2001 年 12 月 1 日	—
杨　雷	党员	中专	1999 年 12 月 1 日	2001 年 12 月 1 日	—
李庆勇	群众	中专	2001 年 12 月 1 日	2003 年 12 月 1 日	—
孟庆尧	党员	中专	2003 年 12 月 1 日	2008 年 11 月 25 日	—
赵　鹏	群众	中专	2004 年 12 月 1 日	2006 年 12 月 1 日	—
孟献斌	群众	中专	2010 年 12 月 1 日	2012 年 12 月 1 日	—
张　璞	群众	中专	2012 年 12 月 1 日	2014 年 12 月 15 日	—
张　鹏	群众	中专	2016 年 9 月 18 日	2018 年 9 月 4 日	—

东碾坨嘴村解放军转业人员一览表

表 28

姓名	政治面貌	入伍时间	转业时间
任兆瑞	党员	1947 年	1976 年
董润田	党员	1951 年	—
李彬元	党员	1951 年	—
任连帮	党员	1958 年	—
宋士沛	党员	1959 年	1963 年
高学亮	党员	1959 年	1963 年
王家俊	党员	1961 年 9 月	1965 年 2 月
张文明	党员	1964 年	1969 年
尔生运	党员	1964 年	1969 年
任富山	党员	1964 年	1969 年
孟宪志	党员	1965 年	—
宋士江	党员	1969 年	1987 年
张树宏	群众	1972 年	1975 年 12 月
杨振秀	党员	1973 年	1980 年
张艳玲	党员	1999 年 12 月 25 日	2004 年 12 月

续表 28

姓名	政治面貌	入伍时间	转业时间
任富国	党员	2001 年 12 月	2006 年
陈井海	党员	1980 年 9 月	1998 年
高　平	群众	1990 年 12 月	1994 年 12 月
任富祥	党员	1976 年 2 月	1997 年 8 月

高学亮（前左二）与退役战友合影

1963 年入伍军人留念

1964 年入伍军人留念

1970 年入伍军人留念

张砚华（第一排右一）与战友合影

1980 年入伍军人留念

1969 年，任广荣、赵新玲参军合影

1969 年，李军、林树河、米树华在村南小河留念

1958 年，任兆瑞（第二排左一）与战友合影

第五节　政治教育

一、学习教育

对民兵的政治思想方面主要进行“民兵要成为建设新中国的模范”的教育。围绕参加民主建设、土地改革、镇压反革命运动，“三反”“五反”运动及抗美援朝运动，对民兵进行阶级教育、爱国主义教育和民兵任务教育。

20 世纪 50—60 年代初期，主要开展党的总路线（“一化三改”）教育，激励民兵热爱祖国、热爱社会主义、热爱集体、热爱劳动，调动其生产积极性。三年困难时期，开展“坚持党的领导，坚定不移走社会主义道路”的教育。通过学习雷锋活动，使民兵树立全心全意为人民服务的思想。20 世纪 60 年代开展的社会主义教育活动，主要通过现场会、座谈会、广播等形式对民兵进行思想教育。

二、民兵活动

1966 年 12 月，子牙新河工程开工，东碾坨嘴大队民兵冒严寒开赴工程现场。施工中开展“五好民兵”活动，广大民兵掀起比、学、赶、帮、超的竞赛热潮，制定河工上的“三大纪律、八项注意”。

1966—1978 年，在建设北大港水库工程中，东碾坨嘴大队民兵连每年都被评为先进连。

1968 年，大队党支部学习中央 4 号文件后，在生产中引导民兵发挥“三队作用”，变冬闲为冬忙。党支部带领大队全体基干民兵为夺取当年粮菜大丰收打下基础。

1970 年，杨柳青南运河疏浚工作于 11 月 2 日开始。民兵在施工中开展“四好”连队活动。经过 30 个昼夜的奋战，以最快的速度、最高的质量完成任务。在强有力的政治思想教育中，涌现出大量爱家乡、爱祖国、爱社会主义的四好民兵和连队集体。1971 年民兵营部评比中，东碾坨嘴大队被评为四好连队。4 月 17 日，天津警备区、西郊人民武装部授予东碾坨嘴大队民兵连四好民兵连的称号。

1971—1972 年，东碾坨嘴大队接待拉练的工人、学生宿营 1～2 天，每天达

1243 人次。

1971 年，西郊区革命委员会战备办公室印发《关于实行就地军训的安排意见》，大队建立有大队干部、民兵连长、贫下中农参加的野营训练支前领导小组，兼负责接待站任务。

根据警备区的指标，1972 年 2 月 3—29 日，组织民兵参加护路（铁路线）值勤活动，东碾坨嘴大队共出勤民兵 680 人次。

1976 年唐山大地震时，大队民兵成立民兵小分队。在抗震救灾中，及时抢救人民生命及财产，为重灾户排忧解难，维护社会治安，起到抢险队和治安队的作用。在生产自救、恢复工农业生产中，发挥突击队的作用。东碾坨嘴大队劳武结合基干民兵连载入杨柳青镇民兵指挥部光荣榜。

在“三夏”保卫工作中，大队建立“三夏”领导小组，民兵组织进行夜班巡逻，完成防盗、防火、防破坏任务。民兵组织在维护社会稳定、为改革开放保驾护航方面做出了积极的贡献。

1983 年以后，东碾坨嘴村办起集教育阵地与文娱场所于一体的“青年民兵之家”。“青年民兵之家”内设有教室、图书阅览室及球类、枪类等体育器材的活动场所。“青年民兵之家”成为广大民兵及青年政治思想教育阵地和组织科学、文化学习的课堂。继续开展“学雷锋，树新风”活动，并将这一活动向制度化、经常化和社会化方向发展。通过学雷锋活动，每年广大民兵带头开展拥军服务，组织为烈军属办好事、办实事、送温暖活动。精神文明建设方面，民兵处处起到带头作用。

1996—2018 年，民兵预备役工作由区、镇武装部直接领导，组织开展各项活动。

1949—2018 年东碾坨嘴村历任民兵干部一览表

表 29

姓名	职务	任职年代	姓名	职务	任职年代
任兆年	队长	1949—1950 年	张砚华	指导员	1967—1970 年
任广年	队长	1950—1953 年	任兆梓	连长	1969—1975 年
董润林	连长	1953—1963 年	杨富国	连长	1975—1980 年
董德新	连长	1958—1963 年	冯德军	连长	1980—1985 年
董润海	连长	1963—1964 年	董庆刚	连长	1985—1995 年
李文起	连长	1964—1969 年	潘学忠	兼管	1995—2018 年
任广江	连长	1964—1969 年			

1966 年，根治海河民兵在木厂公社合影

1964 年民兵合影

第八章　卫生　教育

新中国成立后，党和政府大力加强医疗卫生工作。20 世纪 70 年代，实行合作医疗。2010 年后，杨柳青卫生院医务人员定期为村民进行体检，起到防病治疗的效果，大大提高了村民的健康水平。

第一节　卫　生

一、卫生组织

1949 年 10 月 1 日前，由于村庄贫瘠，村民长期处于缺医少药的状态。天花、麻疹、霍乱、疟疾等传染病广泛传播，人口死亡率很高。

天津解放后，卫生管理机构和医疗机构逐渐健全，医疗队伍不断扩大，技术水平逐渐提高。同时，通过宣传和开展爱国卫生运动，该村逐渐形成讲卫生、讲清洁的社会风气，大部分传染病能够得到控制，人民的健康水平和身体素质普遍得到提高。

1958 年人民公社时期，东碾坨嘴大队设立卫生所，时称保健站。

1964 年，为提高农村保健员的技术水平，天津市红十字会举办培训班，大队派杨振祥、朱连英、任兆霞 3 人参加培训，参加培训的人称“红医”。是年，大队保健站改名为大队红医站。1969 年，“红医”改称“赤脚医生”。

1970 年，天津市红十字会统一颁发教材，对赤脚医生进行中医科和妇产科培训，赤脚医生素质得以提高。1971 年，大队实行合作医疗制度。

1983 年，赤脚医生改称乡村医生。村相继建立新型卫生所，办医形式也出现多样化、有的实行村办、有的实行集体承包。村卫生所由过去按成本收费改为正规医疗收费。时村成立 7 家个体卫生所。

2016 年，平改拆迁后，只有于桂友、朱连英两名乡村医生为村民看病。

1958—2018 年东碾坨嘴村乡村医生一览表

表 30

年份	姓名	职称
1958—1966 年	王连弟　李厚成　韩大夫	保健站大夫
1964—1983 年	杨振祥	红医站大夫
1966—1983 年	朱连英　任兆霞	红医大夫接生员
1968—1983 年	王家祥　张俊玲　张志俊　尹红军	赤脚医生
1972—1983 年	张俊艳　于桂友　任连昌	赤脚医生
1983—2010 年	杨振祥　朱连英　任兆霞　王家祥 张俊玲　尹红军　于桂友	乡村医生
2010—2018 年	于桂友　朱连英	乡村医生

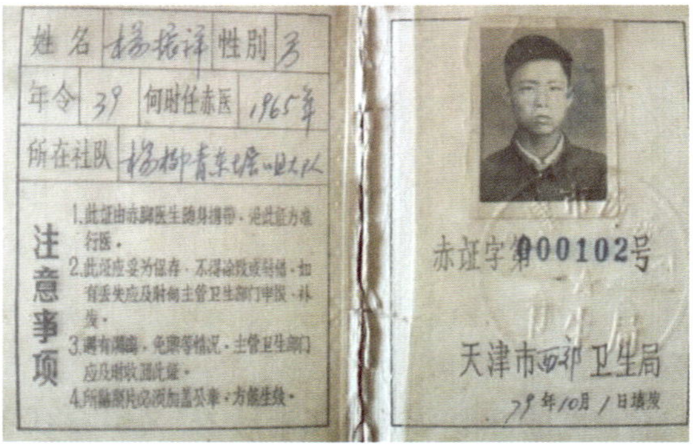

红医大夫杨振祥会员证

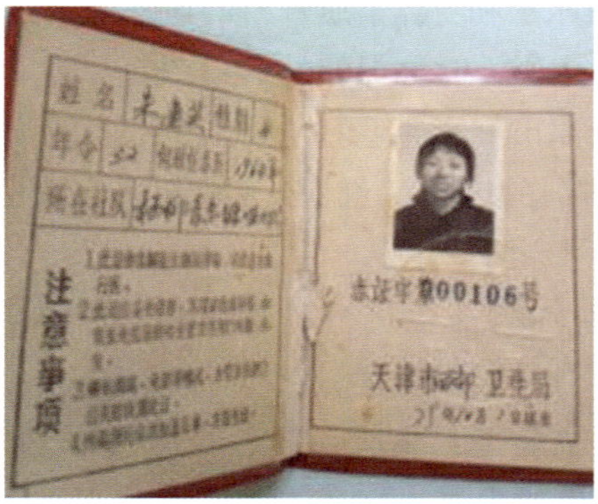

红医大夫朱连英会员证

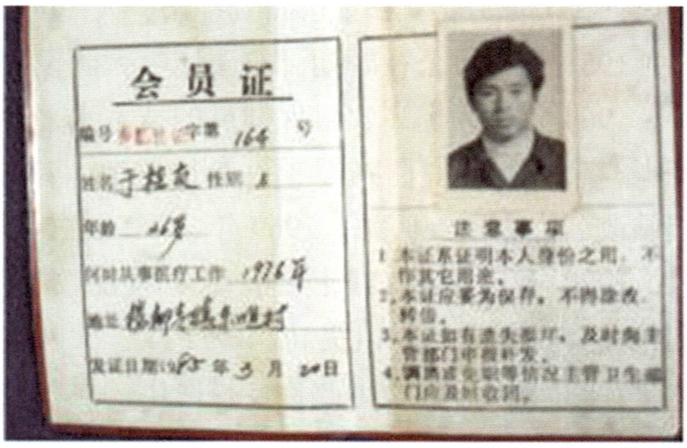

红医大夫于桂友会员证

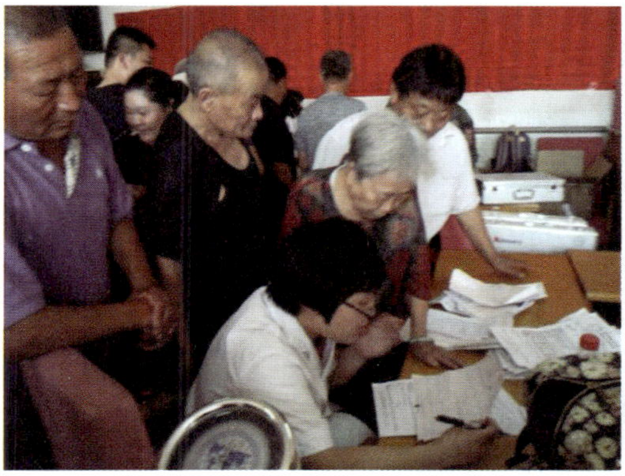

2017 年 6 月，杨柳青卫生院的医生到东碾坨嘴村为村民体检

2018 年 6 月，杨柳青卫生院的医生到东碾坨嘴村为村民体检

二、卫生防疫

（一）传染病防治

民国初期，天花、麻疹、霍乱、鼠疫等频繁发生，仅能依靠民间医生救治，百姓无法预防。贫苦村民缺医少药，往往造成致死致残的后果。杨柳青镇仅可接种牛痘，但并不普及，其他疫病根本无法预防，村民健康缺乏保障。

新中国成立后，为防止疫病流行，东碾坨嘴村在杨柳青镇的带领下采取一系列措施控制传染病流行。杨柳青镇成立预防队、预备队，并发动群众积极开展清洁卫生活动，在镇内普遍种牛痘。同时，对大清河东淀一带水质情况进行调查，以防止饮水传染疫病。1951 年，杨柳青镇患麻疹人数较多，因接种疫苗及时，病情得到控制。

1951 年东碾坨嘴村患病及治愈情况一览表

表 31　　单位：人

年龄	患病人数		死亡人数		痊愈人数		半愈人数	
	男	女	男	女	男	女	男	女
1 岁以下	5	3	1	0	3	1	1	0
1～3 岁	10	8	1	0	8	7	5	1
4～6 岁	9	7	1	0	8	4	3	1
7～15 岁	8	10	1	0	3	2	1	2
16～25 岁	0	1	0	0	0	1	0	0
累计	32	29	4	0	22	15	10	4

1956 年 8 月 7—16 日，东碾坨嘴大队发生 6 例乙型脑炎患者，引起镇党委、镇政府高度重视。镇领导召开紧急会议，分析乙型脑炎发生的原因，并指出其危害性，号召人民群众提高防范意识。又召开各学校负责人会议、卫生协会会议、各保健站会议，教育村民注重环境卫生和饮食卫生，并组织卫生协会成员对东碾坨嘴村进行药物消毒。

1957 年，东碾坨嘴大队积极开展全民爱国卫生运动，掀起除害高潮。为巩固爱国卫生运动的成果，工商联、供销社及联合诊所大夫组成卫生监督委员会，定期检查。

1964 年 9 月 1 日，因饮用南运河水和饮食卫生不佳，村中发现霍乱患者 1 例。东碾坨嘴大队请西青区防疫站大夫和天津市卫生工作队到村中共同防治，30 余名工作人员奋战 10 天，患者的病情得到控制。

1970 年，东碾坨嘴大队建立防疫站，形成三级防疫网络，并拟定传染病情报告及管理办法。

1978 年，东碾坨嘴村大队设保洁员负责清理垃圾，并设卫生检查员巡视检查，由镇爱卫会发卫生检查“红袖章”。

1980 年春季，流感传来，东碾坨嘴村三级防疫站发挥积极作用，经研究决定，大队社员、学生等均煎服杜仲汤，流感得到有效控制。9 月，村普遍建立防疫站，并制定管理事宜。

1989 年，东碾坨嘴出现红眼病患者。由于群众组织落实，对病情发现早、治疗及时，病情得到有效控制和防治。

1990 年 11 月 28 日，村建立初级卫生保健领导小组。至 2018 年，村卫生防疫保健工作仍在进一步加强。

1991 年起，每年夏季，西青中医医院防病科按照市、区卫生局的统一部署，积极开展预防肠道传染病防治工作，做好登记，掌握疫情动态，开展消毒隔离和诊治工作，严防疫情扩散。

遵照天津市卫生局要求，对脊髓灰质炎病严加控制，开展临时免疫日活动和接种，加强对急性弛缓性麻痹病例的流行和病毒监测。

（二）预防接种

1970 年以来，朱连英专门负责东碾坨嘴大队的防病工作。积极开展计划免疫，对不同年龄的儿童实行建卡管理，每年按照预防接种规程进行“四苗”（麻苗、糖丸、百白破、卡介苗）接种，以防止“六病”（麻疹、婴儿瘫、百日咳、白喉、乙脑、破伤风）。0～12 岁儿童均能按期接受疫苗接种，覆盖率达 100%。

2003 年 4 月，传染性非典型性肺炎在全国蔓延，东碾坨嘴村统一部署，积极开展防治工作，严禁外来车辆进村。实行外来人员登记制度，每天对村民检测体温两次。

因东碾坨嘴村水质含氟量较高，多人患有氟斑牙和氟骨症。氟斑牙患者表现为牙上有黄色斑点，尤其是儿童；氟骨症表现为骨质脆，易骨折。村为每户发放除氟罐，直到 2008 年滦河水通入东碾坨嘴村内。

（三）疫病防治

新中国成立前至 1970 年，村中有兽医任广星。1970 年后，疫病防治工作由杨柳青兽医站统一管理，负责全镇的畜禽防治工作。

东碾坨嘴村开始采取“预防为主”的方针，开展综合防治措施，在不断提高兽医和防疫员医术水平的同时，对畜禽进行定期防疫，常年补针。20 世纪 70 年代，对大牲畜、猪、鸡等进行疫苗注射。20 世纪 80 年代，疫病防治工作达到新水平。

至 1996 年，全村畜禽免疫密度达 95% 以上，从根本上控制了畜禽疫病的发生。

三、妇幼保健

（一）妇女保健

新中国成立后，东碾坨嘴村接生员郭万珍实行新法为孕妇接生。

1958 年，杨柳青人民公社卫生院成立后，接生站的大夫合并到卫生院妇产科。

1966 年，大队红医大夫朱连英、任兆霞任接生员。

1976 年，杨柳青卫生院对东碾坨嘴大队接生员进行培训，接生员要通过考核。考试合格后，为接生员颁发证书。

1981 年，对全镇 25 个大队卫生所的保健人员进行培训，其中培养新法接生员 28 名。1981 年后，对全镇的预产妇女进行系统管理，实行孕妇保健管理。该村孕妇都到医院生产。

（二）儿童保健

东碾坨嘴大队从 1970 年起实施儿童保健普查。1985 年起，对 7 岁以下儿童的健康实行系统管理，即 0～7 岁儿童逐一登记建卡，每年检查一次，由中医医院防病科组织实施。

1986 年，对 8～12 岁在校学生进行健康普查，每名学生均建立健康卡片一张，由班主任负责保管，对普查中发现问题的儿童及时治疗，确保儿童的健康成长。

四、环境卫生

新中国成立以前，东碾坨嘴村的街道无专职清扫人员。

新中国成立后至1978年，东碾坨嘴大队的地主、富农、右派分子接受改造，负责村中卫生保洁和粪便清掏工作。

1978年，大队建立积肥队，负责清扫垃圾和清掏厕所。

2010—2018年，村中的厕所基本达到水冲式标准，村内各条胡同口设有垃圾箱。有环卫工人20名，每日清理垃圾10余吨。环卫工作由镇环卫队统一管理，基本保证了全村街道的干净和整洁。

第二节　教　育

清末，东碾坨嘴村才有私塾。1931年，村成立公立小学。1950年，大多数学生都能入学，并开展扫盲活动，教育事业迅速发展。1968年，贫下中农管理学校成立，学生到校主要参加学农和社会活动。1976年，学校开始恢复正常教学秩序。1978年中共十一届三中全会后，教育事业有较大发展。

一、教育设施

（一）私塾

私塾，即私人办学，民间称为“私学”。东碾坨嘴村多为贫寒子弟，学费每人每年约10元，一般读2～3年就辍学帮家里劳动。私塾学址设于东碾坨嘴村关帝庙内，塾师为刘敬奎。所用的教材为《三字经》《百家姓》《千字文》《弟子规》《名贤集》《幼学琼林》等传统读物。学生识字、背诵，背熟之后塾师再讲课，习字（包括大小楷）、珠算为每日例课。1930年以后，旧学与新学并举，兼顾使用，使用传统教材和民国教育课本。

（二）学前教育

随着改革的逐步深入，20世纪80年代末，村兴起办个体幼儿园的高潮。有的是由村所办改为个体，也有的在自家办幼儿园。至2000年，幼儿教育归东碾坨嘴小学的教师统一上课。

（三）小学教育

1931年，成立天津县第三区碾坨嘴公立第八十七小学，由高盛德、任广顺等人筹建，校址在东碾坨嘴村关帝庙内。当时教师为刘敬奎1人，有学生38人。1950年，学校更名为东碾坨嘴小学。1958年，该小学与马庄小学联校。1968年，改为木厂小学联校。1969年，下放到东碾坨嘴大队管理。1979年，更名为东碾坨嘴中心小学。1987年，东碾坨嘴村集资20万元新建校舍，校园占地面积11667平方米、建筑面积1786平方米。校舍为平房，设有自然实验室、图书室各1个，藏书3000余册。

1996年，开设15个教学班，在校学生510人。教职员工总数51人，其中大专教师3人、中专教师32人、小学高级教师16人。

1995年，在语文学科竞赛中，六年级学生岳宜福、尹贞、尹志荣获天津市二等奖。是年，在五星级管理中，被评为教学、后勤、校容校貌达标校。

2006年，杨柳青镇政府投资近600万元在村东新建教学楼，占地面积22267平方米、建筑面积5450平方米。学校有24个教室、14个办公室、8个功能室，各室均达到现代化建设标准。学校共藏书26717册。

学校先后获得西青区教育质量综合评估优秀进步奖，教学质量综合评估一等奖，杨柳青镇教育、教学先进集体，西青区集体舞大赛一等奖，西青区学校、体育、卫生工作先进集体等多项荣誉称号。

1931—2018年东碾坨嘴小学校长一览表

表32

姓名	任职时间	姓名	任职时间
戴馨山	1931—1949年	王洪铎	1977—1986年
蔡振锋	1949—1955年	赵玉兰	1986—1988年
孙淑桢	1955—1957年	刘文生	1988—1991年
江井海	1957—1960年	刘志泉	1991—1993年
张学勇	1960—1964年	王　新	1993—2002年
刘金锴	1964—1974年	李长杰	2003—2012年
宋士敏	1974—1979年	李明权	2013—2018年

1969 年，东碾坨嘴小学民办教师合影

1995 年，东碾坨嘴小学“六一”儿童节表演

2006 年新建的东碾坨嘴小学教学楼

2017 年，东碾坨嘴小学“清明祭先烈”活动

2017 年，东碾坨嘴中心小学校园艺术节

2017 年，东碾坨嘴中心小学“庆六一”活动

2017 年，东碾坨嘴小学“小手拉大手，创文在行动”活动

2017 年，东碾坨嘴小学美丽校园 魅力巾帼——妇女节庆祝活动

（四）中学教育

1960 年，东碾坨嘴村成立中学班。1961 年，由于学生少，转到杨柳青一中就读。

1968 年，东碾坨嘴村又成立中学班。1968 年设 2 个班，1969 年设 4 个班，1970 年设 6 个班。1974 年，中学班归到杨柳青二中。

东碾坨嘴中学教师有刘金楷、杨文林、黄青、韩文起、张国园、魏世横、李恩会，以及南开大学下放后园大队的 3 名讲师。

（五）高等教育

1969 年以前，东碾坨嘴村没有大学生。1969 年后，根据从“工农兵”中选拔大学生的指示，大队推选王家利成为东碾坨嘴村第一名“工农兵”大学生，到北京大学就读。

1977 年恢复高考后，农家子弟有上大学的机会。当时，10 余名村知识青年考上师范专科，成为小学、中学教师及单位干部，以后数量逐年增多。到 2018 年，考入大专、高职的学生有 400 余名，本科生 100 余名，研究生 10 余名。

东碾坨嘴村本科及以上学生一览表

表 33

姓名	性别	毕业学校	学历
任广杰	男	北京师范大学研究生院	研究生
任连璞	男	天津大学	研究生

续表 33

姓名	性别	毕业学校	学历
任连娟	女	天津工业大学	研究生
任连琛	男	天津城市建设学院	本科
任连珺	男	天津商业大学	本科
任连丞	男	天津大学	本科
任连旺	男	黑龙江科技学院	本科
任玲玲	女	辽宁工程技术大学	本科
任富伟	男	天津理工大学中环信息学院	本科
任富雄	男	天津城建大学	研究生
任富瑶	男	中北大学	本科
任富钰	女	天津师范大学	本科
任富旺	男	湖北师范大学	本科
任　震	男	内蒙古工业大学	本科
任钰莹	女	北京大学医学部	本科
任贵鹏	男	天津科技大学	本科
王淼元	男	中国海洋大学	本科
王燮元	男	天津工业大学	本科
王丽娜	女	天津市师范大学	本科
王明双	女	南开大学	本科
王秋梅	女	天津师范大学	大本
王洪艳	女	天津师范大学	大本
王　轩	女	天津理工大学	本科
李元庆	男	盐城师范大学	本科
李　满	女	山西大同大学	本科
李　亮	男	天津理工大学	本科
李杨杨	女	中央司法警官学院	本科
李　军	男	南开大学	硕士
李　辉	男	青岛科技大学	本科
李研薇	女	中共天津市委党校	研究生

续表 33

姓名	性别	毕业学校	学历
孟庆生	男	天津理工学院	本科
孟凡宇	女	天津师范大学	本科
孟庆和	男	天津师范大学	本科
杨洪权	男	天津机械工程二系	本科
杨洪志	男	天津广播电视大学	大本
杨　旭	男	天津科技大学	本科
董　涛	男	天津体育学院	本科
董立杰	男	天津职业技术师范大学	本科
赵　雪	女	北京科技大学天津学院	本科
朱宝玉	女	天津工业大学	本科
陈　婷	女	天津工业大学	本科
宋克香	女	天津广播电视大学	本科
冯爱民	女	天津师范大学	大本

二、成人教育

（一）扫盲工作

新中国成立初期，全村人口768人，文盲率80%。青壮年文盲率约70%，男性文盲率80%，女性文盲率约95%。

1949年，东碾坨嘴村在上级政府指导下，着手开展扫除文盲工作，开始组织农民夜校和农民识字班，基干民兵、妇联干部带头参加学习。学习时借用关帝庙东碾坨嘴小学的教室，由该校教师轮流教学。

1953年，全村青壮年凡不识字的都要参加识字班学习。1955年，有240人掌握了普通教材的知识。

（二）培训进修

1986年，杨柳青镇创办杨柳青镇农民文化技术学校，校址设在杨柳青镇北苗圃场。学校开设裁剪班和农业技术推广班（相当于中专），由专职教师任教。

1987年，镇农校迁址杨柳青镇文化站，时办学类型分农业班和企业班。由镇教委专职干部负责，农业班先后办班 2 个，其中蔬菜班 1 个，培训人数 20 余人，其中高级职称 7 人、中级职称 10 人，参加培训后的人回乡后都成为农业科技骨干。

1988 年，杨柳青镇农民文化技术学校改称杨柳青镇成人文化技术教育学校，仍设在文化站，继续举办培训班。培训班分为短期培训、中期培训和业余高中 3 部分。

1988 年，建筑班 15 人，陶瓷美工班 8 人，机械班 12 人，会计班 5 人。

1989 年，机械毕业班毕业 12 人，建筑预算班 10 人，电工班 5 人，裁剪班 6 人。

1990 年，汽修、电工、模具、化工、会计、机械、农经管理等学科共办 8 个班，在校人数 98 人。

1991 年，蔬菜、管理、电工、会计、化工、厂长、机械、无线电学科共办 8 个班，在校人数 98 人。

1992 年，机械、企业、营销、化工、厂长、会计、后备干部等学科共办班 3 个，在校人数 42 人。此外，人口教育培训人数 273 人。

1993 年，电工、企管、轻工、会计等学科共办 3 个班，在校人数 43 人。此外，人口教育培训人数 92 人。

1994 年，班组长、供销等项目培训人数达 70 人，获得绿色证书和人口教育培训的人数共 135 人。

1995 年，会计、企管、厂长、车间、班组长、初级工、中级工、工管员、经济等系列培训，岗前培训、理论培训共 108 人，获得绿色证书的 56 人、实用技术的 137 人。

1996 年，厂长、车间班组长、初级工、中级工、工管员、会计、经济系列培训、岗前培训共 195 人次，获得绿色证书的 45 人、实用技术的 73 人。

1997 年，蔬菜、管理、电工、化工、无线电等班总培训人数 198 人。

1998 年，机械企业、会计、后备干部、营销等班总培训人数 215 人。

1999 年，电工、企管、轻工、人口教育培训等班总培训人数 247 人。

2000 年，厂长、车间班组长、经济系列培训、岗前培训等班总培训人数 308 人。

2001 年，村企业改为私人承包，技术人员由各企业培训。

2001—2010 年，经济系列培训、油漆、机械等班总培训人数 479 人。

2010—2018 年，企管、机电、铆焊、快递员等班总培训人数 631 人。

东碾坨嘴村获得高级职称的培训人员一览表

表 34

年份（年）	姓名	职称
1994	潘学忠	助理经济师
1994	冯德军	会计师
1999	李家胜	土木建设高级工程师
2004	董庆成	无公害产品销售人员
2008	潘学忠	农村经济管理大专专业
2009	李志英	会计师
2009	任兆清	土木建设高级工程师
2009	任连贵	土木建设高级工程师
2009	李家生	土木建设高级工程师
2015	李雪春	无损检测技术
2015	王家增	无损检测技术
2015	任兆勇	无损检测技术
2015	任兆铁	无损检测技术
2015	任兆利	无损检测技术
2015	任兆连	无损检测技术
2015	任兆斌	无损检测技术
2015	任连旺	无损检测技术

第九章　人　口

明永乐十八年（1420），先后有任、王、杜等姓从山西迁入东碾坨嘴村。民国时期，村中人口有增无减，有 44 个姓氏，有 213 户 833 人。1961 年，有 389 户 1563 人。20 世纪 70 年代后开始实行计划生育，人口增长得到有力控制。

第一节　人口状况

一、姓氏人口

明永乐十八年（1420），有任、王、杜等姓氏，其中任姓 3 户、王姓 1 户、杜姓 1 户，他们先后迁入杨柳青南三里夹河处。杜姓“赶大营”时期落户新疆，现今杜姓是清末从后桑园村迁到东碾坨嘴村的。清嘉庆年间（1796—1820），因实行保甲制度，东碾坨嘴村有 26 个姓氏，有 96 户 378 人。

自光绪元年至三年（1875—1877）左宗棠收复新疆，村民随军“赶大营”，至民国末年，东碾坨嘴村的人口有增无减。新中国成立后，全村有 44 个姓氏，有 213 户 833 人。

1961 年，全大队有 389 户 1563 人。20 世纪 60 年代后，各级政府开始重视计划生育工作，人口的增长得到有效控制。1983—1993 年，全村人口平均出生率为 12.5‰，人口增长率为 7.8‰。1996 年，计划出生率为 100%。

1982 年，全大队有 715 户 2925 人，男 1430 人、女 1495 人，男性占总人数的 48.9%，女性占总人数的 51.1%。

1990 年，全村有 920 户 3121 人，男 1560 人、女 1561 人。

2010年，全村有1126户2543人，男1260人、女1283人，男性占总人数的49.5%，女性占总人数的50.5%。

至2018年，全村有68个姓氏。有1144户2658人（不包括城镇户口在东碾坨嘴村居住的居民），男1274人、女1384人，男性占总人数的47.93%，女性占总人数的52.07%。

东碾坨嘴村农转非农人员429人，其中上学转非农278人、小城镇转非农69人、其他转非农82人。

1934年东碾坨嘴村姓氏人口表

表35

姓氏	户	人口（人）	姓名	户	人口（人）
任	20	78	赵	2	9
王	13	41	徐	1	5
李	8	28	高	1	4
孟	3	7	米	1	3
张	6	22	杜	1	5
刘	3	10	曹	1	3
董	4	17	陶	1	3
杨	2	10	尹	1	4
宋	2	6	袁	1	3
闫	3	12	潘	1	5
陈	2	10	郭	1	4
朱	1	4	罗	1	2
尚	1	3	吴	1	2
路	1	3			

1934 年胡羊庄姓氏人口表

表 36

姓氏	户	人口（人）	姓名	户	人口（人）
王	2	16	杨	1	2
李	2	14	宋	1	4
孟	3	22	齐	1	2
张	1	4	黄	1	2
刘	1	5	朱	1	4
于	1	4			

1951 年东碾坨嘴村与胡羊庄合并后姓氏人口表

表 37

姓氏	户	人口（人）	姓名	户	人口（人）	姓氏	户	人口（人）
任	39	158	徐	3	14	孙	1	5
王	28	116	高	3	11	罗	1	2
李	20	78	于	3	13	庞	1	3
孟	15	58	米	3	12	崔	1	4
张	14	57	杜	2	9	尚	1	2
刘	9	35	曹	2	5	冯	1	6
董	8	36	陶	2	6	贾	1	2
杨	8	30	尹	2	8	侯	1	3
宋	7	26	袁	2	6	郑	1	1
闫	6	27	潘	2	10	路	1	3
朱	5	19	郭	2	10	周	1	3
陈	4	16	尔	1	6	齐	1	3
赵	4	13	林	1	5	靳	1	2
黄	1	4	罗	1	2	韩	1	1
魏	1	1	吴	1	2			

2018 年东碾坨嘴村姓氏人口表

表 38

姓氏	户	人口（人）	姓氏	户	人口（人）	姓氏	户	人口（人）	姓氏	户	人口（人）
任	200	485	高	12	17	吴	4	4	薛	1	2
王	158	400	米	11	20	沈	3	5	鲍	1	1
李	117	268	于	11	18	纪	3	3	柴	1	1
孟	97	253	庞	7	20	郭	2	5	邓	1	1
张	73	174	林	7	18	梁	2	5	葛	1	1
刘	65	128	袁	7	15	武	2	4	宫	1	1
董	51	124	黄	7	10	郑	2	4	韩	1	1
杨	38	82	孙	7	9	周	2	4	何	1	1
宋	32	68	冯	5	11	胡	2	2	马	1	1
陈	28	57	尚	5	11	焦	2	2	皮	1	1
闫	26	69	潘	5	9	吕	2	2	史	1	1
朱	22	99	崔	4	12	牛	2	2	苏	1	1
杜	21	46	齐	4	9	段	1	4	万	1	1
赵	20	45	尹	4	8	侯	1	4	肖	1	1
徐	15	33	郝	4	6	管	1	3	姚	1	1
尔	13	26	贾	4	6	毕	1	2			
曹	12	23	陶	4	6	路	1	2			

二、人口控制

（一）组织结构

1962 年，公社党委、政府对人口控制引起重视。按照市、区的指标要求，设立专职机构。东碾坨嘴大队人口控制机构负责宣传、组织工作，并按照党委、政府的要求，具体实施计划生育工作事宜。办公地点设于大队部院内。

“文化大革命”时期，计划生育工作停顿。

1970 年，重新恢复计划生育管理工作。具体工作由王秀芹负责，有工作人员 3 名。办公地点设在东碾坨嘴大队。

1980 年，王振丽、宋士敏、张俊玲负责计划生育工作，并将该项工作列为各生产队工作考核的主要指标之一。

1998 年，杨振华、张洪敏担任计生办主任，工作人员 2 人。至 2008 年，一直在职。村计划生育小组有 10 对符合二孩生育条件的，有 4 对生了二孩，有 6 对响应国家号召自觉放弃二胎指标，只生一个孩子。

2008—2018 年，高国梅、高国晶任计划生育专职人员，国家号召广大育龄妇女只生一个孩子。村中独生子女家庭的父母到 60 周岁，每年可得到高于其他人 20% 的养老金，国家每月给独生子女家庭的父母 200 元养老金。

1980 年妇联主任合影

2016—2018 年，二孩政策放开，村广大育龄妇女有 10 对生育二孩的，大部分育龄妇女选择只生一个孩子。

1982 年，朱连英被评为天津市计划生育先进工作者。2001 年，张洪敏被评为西青区计划生育先进工作者。

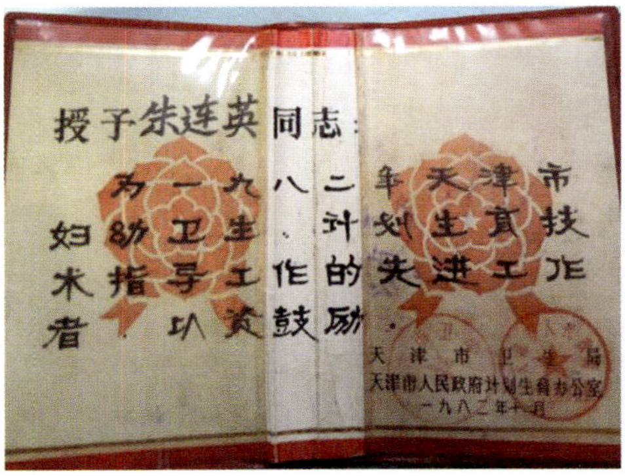

授予朱连英同志：
为一九八二年天津市妇幼卫生、计划生育技术指导工作的先进工作者，以资鼓励。
天津市卫生局
天津市人民政府计划生育办公室

1982 年，朱连英被评为天津市计划生育先进工作者

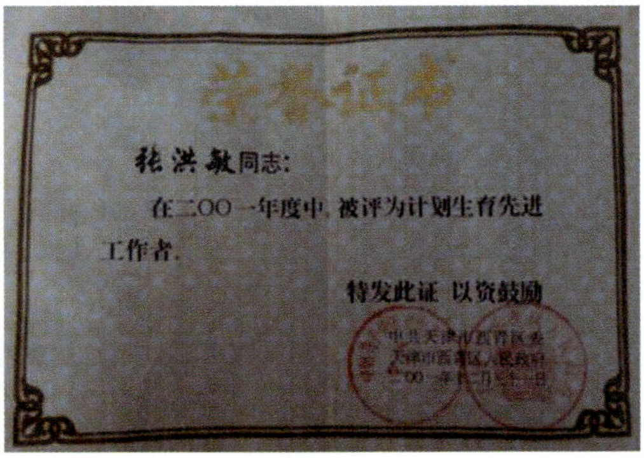

荣誉证书
张洪敏同志：
在二〇〇一年度中，被评为计划生育先进工作者。
特发此证　以资鼓励

2001 年，张洪敏被评为西青区计划生育先进工作者

（二）政策措施

1. 人口生育总政策

大力提倡一对夫妇只生一个孩子，有计划、有控制地生育二胎。严禁计划外和多胎生育，大力提倡晚婚晚育、优生优育。

2. 鼓励一对夫妇只生一个孩子的规定

1978 年，杨柳青镇革委发出《关于实行晚婚和计划生育几个问题的试行规定》，要求“一对夫妇生育子女不能超过两个，间隔 4 ~5 岁以上”。1979 年，市革委发出文件，要求“一对夫妇生育子女最好一个，最多两个；只要一个孩子的，发给独生子女证；干部、职工由女方单位每月发儿童保健费 5 元；农村由所在生产队每月记儿童工分 30 分，发（记）至儿童 14 周岁为止”。同年 9 月 25 日，中共中央发出公开信，提倡“一对夫妇只生一个孩子，提倡一胎，控制二胎，杜绝多胎生育”。

1982 年，根据市、区指示精神，镇委发出《关于对干部、职工鼓励晚育，控制计划外生育的试行意见》，规定“凡新婚夫妇女性 25 周岁以后生育第一胎者为晚育，产假由 56 天延长至 90 天，工资照发；领取独生子女证者，除发儿童保健费外，还要优先入托，优先防疫、医疗、入小学、分配住房”。1982 年，东碾坨嘴大队领取独生子女证者 25 人。1986 年，村领独生子女证者 356 人。1989 年，《天津市计划生育条例》实施后，根据市、区指示精神，镇委作出相应的规定。

1991 年，全村只有一个孩子的育龄妇女 85 人，领独生子女证的人数为 495 人。1992 年，农村领独生子女证率为 52.3%，非农业为 56.7%。1996 年，生一个孩子的育龄妇女人数为 535 人，领独生子女证的人数为 455 人，领证率达 85%。1996—2008 年，生一个孩子的育龄妇女人数为 535 人，领独生子女证的人数为 455 人，领证率为 85%。

2008—2018 年，生一个孩子的育龄妇女人数为 546 人，领独生子女证的人数为 412 人。2016 年二孩政策放开后，有少数妇女生二孩。

3. 节育措施

20 世纪 60 年代初，东碾坨嘴大队开始重视计划生育工作，并结合政治运动开展计划生育宣传，普及节育知识。

1983—1993 年，东碾坨嘴村出生人口为 421.96 人，年均出生 41 人，年均出生率 10.12%；死亡人数为 175 人，年均死亡率为 30.7%；人口自然增长 269 人。

至 1996 年 11 月底，东碾坨嘴村出生 31 人，其中计划内一孩 23 人、计划内二胎 8 人。计划生育率为 100%，一胎率为 87.3%。

1996—2007 年，东碾坨嘴村平均每年出生 28 人，其中计划内一孩 23 人、计划内二胎 5 人。

2007—2018 年，自 2016 年二孩政策放开后，东碾坨嘴村平均每年出生 32 人，其中计划内一孩 22 人、计划内二胎 10 人。

（三）育龄妇女管理

1975年，计划生育工作全面展开后，对大队育龄妇女采取“一条龙”的管理办法，自妇女进入婚龄期起，逐阶段进行严格细致的管理，直至其退出育龄人群。

1. 婚前期

凡进入婚龄期的男女青年必须接受新婚期培训和新婚期知识教育。同时，进行婚前体检，并与镇计生办签订生育规划合同。

2. 怀孕期

男女青年结婚后，东碾坨嘴大队计划生育专职人员适时登门，及时掌握孕情。妇女怀孕后，要求到镇卫生院接受妇科检查，并持检查证明到镇计生办办理准生证，否则视为计划外生育。

3. 哺乳期

育龄妇女生育后，东碾坨嘴大队计划生育专职人员送药上门，做好妇女哺乳期的避孕管理。第一胎满6个月时，要采取上节育环措施。计划内二胎满周岁时，要采取结扎措施。

4. 育儿期

孩子自出生至学龄前，家长必须接受育儿知识教育，镇计生办与教委、妇联、民政、卫生等部门联合进行管理。镇计生办每月对育龄妇女组织一次访视，定期组织健康检查，每3个月进行一次B超检查，加强孕期管理措施，并负责办理少儿保险。

5. 更年期

育龄妇女进入更年期后，必须接受更年期教育。东碾坨嘴村计划生育专职人员及时上门，适时处理好育龄妇女因更年期带来的身体及家务上的问题。

此外，东碾坨嘴村计划生育专职人员均设立“一卡五账”。一卡即育龄妇女卡片；“五账”即新婚账、二胎审批账、手术账、会议及活动账、专职为育龄妇女服务账。

（四）晚婚晚育

20世纪70年代末，根据杨柳青镇革委会的指示，大力提倡晚婚晚育，把结婚年龄定在男性25周岁、女性23周岁。

1980年，东碾坨嘴村初婚56对，其中23周岁及以上的39对。

1982 年，东碾坨嘴村初婚 49 对，其中符合晚婚条件的 35 对。

1992 年，镇委进一步修订晚婚晚育规定，并对实行晚婚晚育的青年作出假期规定及奖励办法。

1993 年，晚婚率为 52.5%。1995 年，晚婚率为 53%。

1996 年，东碾坨嘴村初婚 25 对，其中女性 23 周岁以上的 19 人，晚婚率为 75%。

1996—2007 年，东碾坨嘴村平均每年初婚 25 对，其中女性 23 周岁以上的 19 人，晚婚率为 76%。

2007—2018 年，东碾坨嘴村平均每年初婚 27 对，其中女性 23 周岁以上的 20 人，晚婚率为 74%。

（五）优生优育宣传

在大力提倡少生的同时，提倡优生优育。1980 年开始，杨柳青镇推行产前检查、孕期保护的工作方法，普及新法接生及优生知识的宣传教育工作。1984 年，以办展览的形式大力宣传优生知识。1985 年，在全镇大力普及婚育科学知识，使全村村民认识到直系血亲和三代以内的旁系血亲以及患有医学上认为不应结婚疾病的人禁止结婚。

1986 年，在“天津科技周”活动期间，继续将优生优育和婚育科学知识作为向全镇居民宣传普及的一项主要内容。

1987 年，镇政府与民政部门采取领结婚证前学习婚育知识、婚前体检合格后方可办理结婚登记手续的办法，进行优生优育宣传，并利用广播、展览等形式宣传优生知识。

随着托幼事业的发展，以美术、音乐、书法、幼儿体育等为内容的学前班也相继举办，广大幼儿在良好的环境中成长。

（六）人口规划

1981 年开始，镇委、镇政府采取指标平衡法制定生育计划。对进入婚期的育龄妇女进行测算，规定出每年的出生指标，向村委会、镇属企业及驻镇单位下达人口出生控制指标数。同时，根据区下达的指标和全镇计划生育总体要求，计划出生育率、一胎率、二胎率的指标，并下达。1987 年规定，计划生育率低于 80% 者，视为人口失控。凡是人口失控的单位，转年不再分配二胎生育指标。同时规定，计划生育工作与党支部的达标升级挂钩。

2011—2018 年，东碾坨嘴村农业户口的 0～18 岁村民，每人每月补助 100 元生活费、18～45岁的村民补助300元、45～55岁以上的村民补助500元。每年过春节，大队委员会为每人补助500元、中秋节补助200元、端午节补助220元（包括白糖和绿豆）。

（七）疏散人口

1970年，根据“备战备荒为人民”“要准备打仗”的指示，天津市革命委员会作出《天津市一九七〇年战备疏散人口规划》。疏散对象为1965—1970年各界中学毕业生及社会青年；退职退休和长病不能工作的干部、职工及其家属；搬迁工厂的职工及其家属；在天津无常住户口人员；外调外迁职工留天津的家属；编余干部及其家属；无正式职业居民户、社会闲散劳动力和部分自负盈亏的个体手工业者、商贩；在押犯、劳改犯、刑满就业人员、社会上没有改造好的地（地主）、富（富农）、反（反革命）、坏（坏分子）、右（右派）及其他反革命分子。对此，东碾坨嘴大队成立三结合下放干部领导小组，在公社革命委员会的领导下，开展疏散人口的接收和安置工作。

1971年，东碾坨嘴大队共接收安置城市疏散人口20户95人。疏散人口到政府领取一定数额的安家费，生产队负责派工人盖房子和安排农业生产劳动。他们所得的劳动工分参加生产队的年终分红，带工资的疏散人员只参加生产劳动不予记工分，但对生活有困难的人员，生产队予以适当照顾。20世纪80年代，大部分疏散人员陆续迁回城内，少部分在农村定居。有的疏散户的子女于20世纪80年代以前或升学，或参军，或招工，离开农村。

（八）下乡知识青年

20世纪60年代初，知识青年支援社会主义建设。

1969年，东碾坨嘴大队接收插队（到生产队落户）学生17人。至1976年，接收插队知识青年76人，其中男37人、女39人。被接收的知识青年每人由国家拨付村里300元作为安家费。

1974年，上山下乡工作基本停止。这一时期，开始安排知识青年回城就业问题，选调一部分人分配工作或升入“工农兵大学”学习。部分家庭有特殊困难或本人有疾病的直接回城。1976—1979年，知识青年陆续迁回。在东碾坨嘴村插队的知识青年就地办理农业转非农业（简称“农转非”）。1988—1990年，杨柳青镇办理原下乡知识青年就地农转非。至此，除少部分城镇下乡的知识青年因结婚等原因在当地落户外，其余的人全部返回原籍。

第二节 婚姻家庭

一、婚姻

（一）旧式婚姻

旧中国，婚姻状况因贫富导致差异很大。富家子弟往往10多岁就结婚，有的甚至多房妻妾；贫家子弟多在30岁左右结婚，有的甚至终身无力娶妻。

（二）新式婚姻

中华人民共和国成立后，1950年颁布的《中华人民共和国婚姻法》规定婚龄男子为20岁、女子为18岁。同时，贯彻婚姻自由、男女平等的原则，实行一夫一妻制，直系血亲及三代以内旁系血亲禁止结婚。由于《中华人民共和国婚姻法》的宣传和贯彻，自由恋爱结婚者达30人、半自主达19人。

1980年，第二次颁布《中华人民共和国婚姻法》，规定结婚年龄由男子20岁改为不早于22岁，女子由18岁改为不早于20岁。这一时期由于生活及医疗条件的逐步改善，丧偶比例明显下降，近亲结婚现象明显减少。

20世纪80—90年代，离婚比例有所上升，非法同居等违法婚姻也有发生。1990年，全镇离婚者达321人，其中男203人、女118人。

为避免违法婚姻的发生，镇民政科加强婚姻登记工作的管理。为确保婚姻登记质量，镇政府特聘请区民政局工作人员进行专业培训。考试合格后，东碾坨嘴村有1人获婚姻登记员证书，由其负责婚姻登记工作。

二、家庭

1949年前，家庭结构以父亲血缘为基础，由一人当家，称为户主或家长，大多户主由年高辈尊的男人担当。在家庭中，家长的地位最高，居支配地位，其余成员均处于被支配地位。家长百年之后，一般由长子继承。父母去世后，在兄弟完婚的情况下，则自立门户。也有少数家庭仍子孙共炊，维系着数代同堂的状态。

第十章　交通邮电

1960年以前，东碾坨嘴村的主要交通靠南运河，以水路运输为主。1960年后，河源断流，以道路运输为主。运输工具以马车为主，沿南运河大堤、西青道运输到天津市。1990年后，村民以拖拉机、汽车为运输工具。

新中国成立以前，村内没有邮电设施，更没有电话。1960年后，大队安装一部手摇电话，发电报、打长途电话要到杨柳青邮电局。

第一节　交通运输

一、公路

新中国成立前，东碾坨嘴村的街道、胡同及村间道路都是土路，晴天尘土飞扬、雨天满街泥水。新中国成立后，30余年间变化不大，村主要道路为沿运河大堤东到杨柳青镇至天津市、南到东桑园至木厂以南、西过摆渡过河到青沙路。

1976年3月，东碾坨嘴大队在村东从东桑园到杨柳青十五街修了一条石子道。

1984—1989年，村共投资66万元（其中国家资助39万元）修了5条沥青路面，总长3761米，公路面积近2万平方米。

2014年，由区、镇统一规划，青静路、泽杨道在村南、村东穿行而过。

新中国成立前至新中国成立后的40年里，东碾坨嘴村的街道胡同没有变化。1997年10月至1998年5月初，村委会投资45万余元、东碾坨嘴筑路队垫资45万元，将村里的前街、后街、村南河道、东青路、通往胡羊庄的道路及胡羊庄街道用石灰土30厘米做基础，用横砖砌墁，修建15000多平方米。村民各户集资将自家居住的胡同用平砖铺墁成道。

2010年，对原有的东青路进行改造重建，用横砖砌墁8000多平方米，施工费120多万元。

前街街道

泽杨道

后街街道

通往胡羊庄西的砖道

东青路六条胡同

东青路八条胡同

富勤胡同

振良胡同

润滨胡同

文华胡同

新村二条胡同

新村三条胡同

振清胡同

志禄胡同

富江胡同

二、水路

（一）南运河航道

南运河为京杭大运河中天津至山东临清的一段。南运河曾为黄河所经，东汉时，沿北修建白沟运河。隋大业四年（608），开凿永济渠（南运河故道）。唐代，沿用该河道运输军需。元、明、清三代，南运河为漕运河道。

南运河自东桑园村入境，穿越杨柳青镇区东北部，过境长约 8.45 千米，河面宽约 50 米，汛期水深 3.5 ~ 5 米。南运河沿途流经 22 个村、街，即前桑园、后桑园、娄家院、东桑园、西碾坨嘴村、东碾坨嘴村、杨柳青镇区（左岸一至十四街，右岸十五至十六街）。

辛亥革命时期，南运河航道开辟的津泊航线是天津市至河北省的重要内河干线。由杨柳青镇、独流、静海、陈官屯、马厂、青县、沧州至泊镇，航程 187 千米。

1966 年以前，东碾坨嘴村没有桥，只有渡口。该渡口由西碾坨嘴村的尔氏设立，当时是西碾坨嘴村为私盐道的必经之地，该渡口较为兴盛。日本侵略军占领时期，由东碾坨嘴村蒋氏任船工，该人司渡时间较长，后由张玉祥等人先后担任船工。1966 年，该渡口废弃。

（二）航运工具

木船是内河航运的重要工具，主要种类有单体船、漕船。单体船种类很多，有胯子船、大帮摇、小帮摇、划子等 20 余种，大小不一，可用来载客，也可作为货船。单体船船底平，舱宽帮矮。船的载重量不一，最小的只载货几吨，大的可载货 20～30 吨。货船多用于运送棉麻、粮食、杂货、蔬菜、水果及农家肥等，也可用于渡口运输。单体船是水上运输的主要船舶。

每年进入冬季，河水结冰，水运中断，船家借机修补船只，此时冰上运输开始。冰上运输工具主要是“冰床”（又称“冰排”“托床”），其原理如冰鞋。冰床长约 3 米、宽约 1 米，由两根平行长条木连接而成。长条木下面分别镶嵌着宽约 1 厘米的长条铁板（又称“冰刀”），长条铁板两端翘起。冰床上面用竹竿或芦苇编排而成铺垫，铺垫上面可坐乘客，也可装载物品。冰床可用绳拉着走，也可用撑杆（下端装有铁钉）撑着走，速度很快。至中华人民共和国成立前，东碾坨嘴村有冰床 10 只。冰上运输主要是“撑脚”，即运送客人或给货主运载货物，其次是载运自家产品到天津市销售。

（三）水路概况

明清时期，南运河漕运给杨柳青地区带来繁荣。清道光年间（1821—1850），东碾坨嘴村有船户 6 户、船伙 10 余户。

境内航运有 600 余年历史。清末，东碾坨嘴村有船户 6 家，大多是运送青菜和旅客。随着陆路人力车、火车、汽车等交通工具的发展，有些船户专经营蔬菜和粮食等。东碾坨嘴村载货船只只剩 4 家。

航程由东碾坨嘴村王家园起，至天津北大关西侧的茶店口。后因各地船只进天津市者增多，经常发生堵塞现象，故终点站改为芥园庙和蒲包店。载货船户进入市区后，各自有其落脚点和常年主顾。所托运的物资均寄存于落脚点，后再分批送出，并为杨柳青镇各商号从天津市内各批发点进货，由各批发点为其开具“计数扎子”，每年除夕、端午、中秋三大节时结账一次。从东碾坨嘴村至天津约需航行 3 小时。“七七事变”之后，境内航运业受到严重影响。

天津解放后，航运业又得以恢复。是时，村中有民船 6 只，载重量大多在 20 吨左右。

新中国成立初期，航运业仍为私营。至 1956 年，船只全部入高级农业合作社，归集体所有。主要运输粮食、青麻、蔬菜、粪肥、柴草等物资。

20 世纪 60 年代后，因河道水源日益减少，航运业中断。

（四）内河码头

东碾坨嘴村沿河码头沿用自然堤坡作业，均为行旅搭跳板上下。货物用人力装卸，以跳板作为码头，历史悠久，结构简单。一节跳板可联结船与岸，若河滩广，可接两节或三节跳板。沿河码头以跳板搭跳，便于船只停靠和装卸操作，广为商家和船户采用。但由于跳板狭窄，加上码头水下深度不够，很难保持船体与河岸处于水平高度，往往给装卸作业带来诸多困难。

在南运河航道史上，该码头位于碾坨嘴王家园。

三、桥梁

1966 年，东碾坨嘴简易木桥建成。1970 年，清淤南运河时，简易木桥被拆除。

1979 年，东碾坨嘴大队出资修建水泥混凝土桥，1980 年竣工。该桥为拱形架桥，3 排拱架，桥面为板梁，拱桥全长 36 米、宽 5 米，两侧人行道各 0.8 米。

2003 年，该桥已成危桥，由国家出资在原址上重建平板水泥混凝土桥。该桥全长 40 米、宽 8 米，两侧人行道各 0.8 米，东西两侧焊接球形钢门架。

2010 年，由区、镇规划，在村南由国家出资修建一座泽杨道公路大桥。该桥双向四车道，中间设隔离带，两边人行道现代化。

东碾坨嘴桥

泽杨道公路大桥

青静路大桥

东碾坨嘴村到十五街过道涵

第二节　交通工具

随着社会生产力的发展，公路运输从最原始的手搬、肩扛的简单劳动发展到正式使用交通工具。杨柳青地区的交通运输工具从初始到现在，无论在种类、数量还是性能上，都有很大的提高。

一、轿

轿是古老的运输工具，其样式由车厢演变而来。

轿有官轿、商轿、花轿之分。官轿是王公大臣出巡赴朝、上任专用的代步工具；商轿一般运送远距离的客商；花轿主要是民间姑娘婚嫁时乘坐。轿有二人抬、四人抬、八人抬之分。生活富裕人家的妻子回娘家或走亲访友时，也多雇用轿。

二、畜力车

铁轮大车，民间称为“花轱辘”。一般为木质结构，以卯榫和铆钉边形成整体，车轮上嵌有铁瓦以保护轮木。一般用笼头、小鞍和帮套等牵引工具夹装于牲畜颈背处。铁轮大车有单套、双套或多套之分。可载货 0.5～0.75 吨。这种车原来无铁轴和轴承，后来随着生产技术的不断加快，在车轮上打上铁箍，换上木质辐条（有“九辐”“十八辐”之说）和铁轴，行进速度提高。1912 年后，铁轮大车应用较为广泛，在民间运输中占有相当重要的地位。1948 年 12 月，东碾坨嘴村拥有铁轮大车 10 辆，后逐渐被胶轮大车代替。

胶轮大车，由铁轮大车改制而成。车轮由木质铁瓦改为钢圈。双套胶轮大车可载货 4 ~5 吨，日行程可达 50 千米，这类车适合远距离客货运输。1949 年，全村有胶轮大车 5 辆，1963 年增至 22 辆。随着经济的不断发展，至 1982 年，村中的胶轮大车增至 40 辆。

马车运输，在 1960—1970 年转到以农业为基础的轨道上，主要用于支援春耕、秋收及运输农用物资。20 世纪 80 年代后，马车用于田头运输，主要拉运粮食、蔬菜、柴草、粪肥等。此外，马车也用于为建房户拉运砖土、瓦及砂石料、接新娘等。20 世纪 90 年代后，马车逐渐减少，逐渐被农用三轮车或其他机动车取代。

三、机动车

东碾坨嘴村的机动车运输工具主要是拖拉机和汽车。

20 世纪 60—70 年代，大队成立农机队，拖拉机运输占据运输业的主导地位。当时拖拉机运输主要贯彻“以农为主”的原则，首先车要满足农业生产需要，主要拉运粮食、蔬菜、柴草、粪肥；其次为集体或个人拉运砖、瓦、木料及砂石料等。

20 世纪 80 年代后，公路货运工具以拖拉机、汽车为主。随着经济的发展，汽车运输逐步占据运输业的主导地位。由于改革开放，村企业迅速崛起，集体、个体运输户逐年增多，运输车辆及运输货源大量增加。村企业的车辆主要为企业拉运所需的各类物资，个体或集体运输户为交通运输的一种补充力量。从事货运的集体及个体运输户主要承担农副产品、农村生产建设及生活物资的运输。

1981 年，东碾坨嘴大队集体拥有东风汽车 1 辆、“140”加长汽车 1 辆、大解放车 1 辆、手扶拖拉机 3 台、12.5 马力的拖拉机 10 台、55 马力的拖拉机 2 台。

1990 年，村委会购置上海小轿车 1 辆。

四、驾驶培训

1968 年，大队购置第一台手扶拖拉机，培训手扶拖拉机司机 4 人。

1971 年，大队购置第一台 55 马力拖拉机，培训司机 5 人。

1975 年，大队购置 3 台“20”拖拉机，培训司机 6 人。

1978 年，大队购置第一辆解放牌汽车，培训司机 4 人。

1985—1995 年，随着农村经济的发展，私家车逐渐增加。全村有驾驶证的司机约为 200 人。

1995—2018 年，全村大部分家庭有私家汽车，有驾驶证的司机 1000 余人。

1970 年的三轮车

1960 年的小推车

1960—1980 年的小驴车

1960—1980 年的儿童竹车

第三节　邮电通信

一、邮政

新中国成立以前，东碾坨嘴村没有邮电通信设施。收信、寄信要到杨柳青邮局办理，或托人捎信、送信。

1950—1969 年，杨柳青邮电局的邮递员骑自行车把信送到村供销社邮箱，把报纸送到大队部，社员收发信件、汇款、发电报要到杨柳青邮局办理。

1969—2018 年，邮递员改用摩托车、汽车将信、汇款单、报纸送到大队部（村委会）广播站，村民发送电报要到杨柳青邮局办理。

二、电话

新中国成立后，村公所只有一部电话（转换机）。1972 年，大队铆焊厂又增一部电话，打长途电话要到杨柳青邮电局。

1978 年，东碾坨嘴大队属各企业安装直拨电话 8 部。

1990 年，经村委会安排，村民任富勤负责安装直拨电话 3 部、转换电话 60 余部。各企业的厂长、村领导配备寻呼机（BP 机）。

1960 年的手摇电话

1990 年的“大哥大”手机

1994 年，全村安装直拨电话 600 余部，村民共有寻呼机 600 余部、“大哥大”手机 10 余部。

1996 年，各企业厂长、业务员配备手机达 500 余部。

2010—2018 年，成年人平均每人有手机 1～2 部。

第四节　广电网络

一、广播

新中国成立初期，东碾坨嘴村大队发送通知的方式是人站在房顶高处，用卷筒喇叭进行喊话。

1958 年，大队建立广播站，各家各户安装小喇叭。广播站在发送通知、宣传党的方针政策方面起到极大的作用。

1960—1968 年，大队社员家里共有收音机（电匣子）100 余台。

1970—1980 年，大队社员家里共有半导体、收音机 800 余台。

1980—1990 年，村里共有收音机 800 余台。

2010—2018 年，每家拥有收录机 1～2 台。

1960 年的收音机

1980 年的扩音器

二、电影

1950 年，杨柳青镇放映队每月到东碾坨嘴村放映露天电影一次。

1981—1990 年，村里每个星期放映露天电影一次。

1950—1970 年电影放映设备

1970 年的电影放映机

三、电视

1958 年，生产大队购买一台苏联进口的黑白电视机，每晚组织村民收看。当时仅有北京电视台 1 个频道。

1974 年，10 个生产队分别购买一台黑白电视机。

1978 年，中共十一届三中全会后，村民收入不断提高，村民购买 14 ~ 18 寸的黑白电视机共 100 余台。

1970 年的黑白电视机

1984 年以后，彩色电视机得到村民的青睐，购买彩电需要使用票证。

1991 年，东碾坨嘴村在杨柳青镇率先安装闭路电视，播出的节目达 20 余套，每户几乎都换上了 20 寸以上的彩色电视机。

2010—2018 年，有线电视、互联网电视在村中得到普及，电视机几乎都为平板大屏幕的，也有弧度大屏幕电视机。

四、报刊

1950 年，东碾坨嘴村订阅《人民日报》、《天津日报》、天津《支部生活》、《宣传手册》等报纸杂志。

1968 年，大队订阅《人民日报》、《天津日报》、《参考消息》、天津《支部生活》、《红旗杂志》、《华北民兵》等报纸杂志。《天津日报》每个生产队有一份。

1985 年以后，有些村民自己订阅报纸，主要有《天津日报》《今晚报》《天津老年时报》《天津电视报》等。

2015 年后，村民获取新闻信息的方式主要依靠手机。

五、网络

1995 年，全村有电脑 40 台。

2000 年，全村有电脑约 120 台。

随着人民生活水平的不断提高，2018 年，平均每家都有电脑。

第十一章　基础建设

东碾坨嘴村自建村以来，房屋是自发性建设的，都是土坯房。20 世纪 70 年代，村开始着手进行村庄规划，随着人民生活不断提高，逐渐建起砖瓦房。1984 年，在原来运河大堤的基础上修建第一条柏油马路。1985 年，自来水入户。1994 年，村内主要街道都铺设有砖道，该村焕发新的光彩。

第一节 建设规划

东碾坨嘴村是由南运河水流冲刷、淤积所形成的村，坐落于运河东岸，分为前街、后街、胡羊庄街，街道宽 6～7 米，胡同宽 3～5 米，均为自发性建设。

1949—1962 年，村中没有具体的乡村建设规划。

20 世纪 70 年代中后期，随着经济的发展，村中开始着手规划建设。20 世纪 80 年代，形成建房高潮。1982 年，国务院颁发《村镇建设管理条例》，要求制定村镇建设规划，提出要合理布局、严格控制建设用地。1983 年，村建设发展达到合理布局，镇城建科指导各村进行村庄规划的编制，扭转长期放任自流的混乱状况。

1990 年，随着商品经济的发展，原规划已不适合建设的需要。是年，在镇城建科的领导下，重新进行规划，绘制村庄旧区和新居民小区的规划图。在实施新村建设规划中，结合旧村改造，辟出住宅小区。农民建房按新村建设规划的用地标准执行，严格各项审批手续。

审批程序：一是个人写出生产建设用地或建房宅基地的申请书，并绘出用地平面草图；二是经村委会批准后，报镇城建科，领取用地调查表；三是由四邻签章后，再送交城建科；四是经审查，如果符合村庄建设规划，符合生产建设用地及发放宅基地的有关规定，可以签发施工执照。村委会还要与部分群众座谈，确定无意见后张榜公布。

城建科要求各村房管人员必须做到“三到场”（放线到场、包台子到场、封檐到场）和“三落实”（组织落实、政策落实、人员落实）。农村建房坚持“五个不批准”原则，即无房照不批、无四邻签章不批、建房超标准不批、翻建拆建不清理杂物不批、不符合建设规划不批。

第二节　民居变迁

一、旧村民居

东碾坨嘴村自建村以来，房屋都是土坯房，布局为三间或五间。房屋坐北朝南，东西有配房，院子大多是泥垛或篱笆圈围，全部为私人住宅，由私人所建。

1949—1962 年，村民对自己的房屋只能做一些修补和改造。随着人口的增多，1962 年，在旧址的基础上逐年开放房基地。以后，村内所建建筑都由村瓦业队盖建。

二、公共房屋建设

新中国成立前，村前街东一个院内建有关帝庙、奶奶庙、土地庙 3 座庙，后街建有土地庙 1 座，胡羊庄建有土地庙 1 座。民国时期，前街大庙改为小学校。

1956 年，村瓦业队在村西盖建粮食供应站（粮店），建筑面积 400 平方米。

1958 年，村东盖建物资收购站。是年，在村东盖建沼气池。

1959 年，建窑地烧砖，主要用于村中基建。是年，在运河边盖建抽水泵房 5 座，各生产队盖建队部及牲口饲养棚。

1960 年，建胶木厂，盖建中学班校舍 8 间。

1961 年，建米面加工厂、棉花加工厂、竹编厂、木业加工厂、铁业服务组。

1966 年，改建东碾坨嘴村小学。

1968 年，在村南建扬水站一座（大泵房）。

1969 年，扩建中学班教室 16 间。

1970 年，在村西盖建铆焊厂（今村委会所在地）。

1971 年，新建供销社，建筑面积 400 多平方米。

1979 年，村东建化工厂。

1988—1992 年，村工业园区改建冷冻食品厂、物资回收站，村内的铆焊厂、化工厂都迁往村工业园区，并建有私人企业，如振强钢结构、强钢工贸有限公司、兆勇石油设备安装有限公司等。

2002 年 3 月 8 日，村金三角批发市场开工，共建房屋 633 间，总面积 1.41 万平方米。

2004 年，投资 150 万元重建建筑面积 5000 多平方米的村委会。包括书记办公室、村主任办公室、党员活动室、综合服务大厅、档案室等。工程由柳青建筑公司承建。

社区警务室

2014 年建的村民服务厅

三、房屋拆迁

2016 年 10 月 26 日，为改善村民居住环境、提高村民生活品质，经村委班子商议，党员、村民代表合议，村强烈要求参加第一批示范镇安置，按照相应的民主决策程序，制定《西青区杨柳青镇东碾坨嘴村宅基地换房实施办法》。

截至 2018 年 12 月 10 日，东碾坨嘴村共有拆迁户 1126 户，有 147 户村民未拆迁。

1970 年建的仓库

1970 年知识青年住的房屋

1972 年村民烧砖盖的民房

1975 年门楼

1980 年门楼

1985 年门楼

1995 年门楼

1994 年房屋

1970 年水泥房檩

2017 年平改房屋

1995 年木房柁

1995 年铁房柁

胡羊庄 1980 年房屋

胡羊庄 1995 年房屋

第三节 水利 电力

一、水利

南运河从东桑园村一直由南向东碾坨嘴村，北转折向东流，流经境内约 3 千米。

1968 年，开挖村南小河，建扬水站（大泵房），与南运河相通，达到沟渠相通、扩大灌溉面积的效果，做到耕地条田化，旱涝保丰收。

大泵房

流经东碾坨嘴村的南运河

1969 年，在村南大泵房打机井一眼，改变村民多年吃河水的习俗。

1975 年，东碾坨嘴大队负责铺设主管道，各家各户集资铺设支管，把水引入自家。从此，村民不再需要挑水，水桶、水筲失去作用。

2008 年，区政府投资铺建自来水管道通到各家，人们喝上滦河水和长江水。

二、电力

东碾坨嘴村自建村以来一直使用油灯照明，直到新中国成立后。

1958 年通电，大队成立电工组，给各家各户安装电灯。农业方面使用上抽水机，碾米、磨面、轧面条也用上了机器，村委会盖建磨坊车间和弹棉花车间。

1970 年后，农村及工厂的用电量加大，时有停电现象。

1980 年以后，基本不存在停电、断电现象。

1990 年后，国家 3 次更换电线、电表和变压器，满足村民及各个企业的用电需求。

2000 年，东碾坨嘴村用电量 35 万千瓦时，其中农业生产用电量 18 万千瓦时、生活用电量 17 万千瓦时。

2017 年煤改电增加的变压器

1960 年锅炝子

锅台

2017 年煤改电，村中所收集的各个时期的暖气炉

煤球炉

三、取暖

柴草历来作为村民做饭、取暖的主要能源，主要有秸秆、芦苇、杂草、树木的枯枝落叶，农副产品及木材加工的废弃料等，农家房前一般都堆有大垛柴火以备用。村民做饭使用通炕的锅灶，冬日靠柴火暖炕，只有少数殷实农户以炭火取暖。

20 世纪 50 年代初，供销合作社供应人工煤球，村民逐渐使用炉火。20 世纪 50 年代末，逐步普遍使用炉火。

1958 年，村推行利用沼气烧水和照明，但因技术水平低，不久即废。

1980 年，在杨柳青镇范围内开始推行太阳能热水器和液化石油气。20 世纪 80 年代中期，由个人投资安装“土暖气”，以供冬日取暖兼做饭。

1987 年，杨柳青镇十五街村委会成立液化气供应站。

1980 年，大多数农户开始使用罐装液化气。

1990 年，有的村民自己安装空调及电暖气。

2015 年，政府为防治污染，为每户改装暖气炉和平价无烟煤。

2017 年，政府为防治污染，为未拆迁户改装电暖气炉，并取消火炕，同时给予适当的补助。

第四节　福利制度

一、社会福利

新中国成立初期，东碾坨嘴村对孤寡老人及生活上特别困难者，定期定量给予救济。

农业合作化后，农业户口的孤寡老人由村集体供养，对孤寡老人实行“五保”供养，五保即保吃、保穿、保住、保医、保葬。五保供养采取分散和亲属领养两种形式。分散领养的五保老人的生活派专人负责，并报销医药费，定期维修房屋；由亲属领养的五保老人则定时领取五保费或实物。

人民公社化时期，曾一度兴起大办敬老院、托老所的热潮，五保供养的老人基本集中在敬老院（时称“幸福院”或“疗养院”）集体供养。1982 年，孤寡老人的供养转为由生产大队分散供养或亲属领养。

1984 年后，农村实行经济体制改革，进一步加强和完善五保工作。东碾坨嘴村仍采取分散供养形式进行五保供养。除供养全年的粮、菜、柴、衣、医疗及房屋维修外，每月发放 5 ~ 20 元生活费，使其达到一般农民的生活水平。五保户不分责任田而分给自留地，由亲属帮忙管理，收入归己。1984 年，东碾坨嘴村修建有 4 间住房、1 间厨房和 1 间厕所的敬老院，并雇请 1 名服务人员专门照顾老人。1986 年，东碾坨嘴村投资 4 万元建敬老院一所，该敬老院坐落于东碾坨嘴村北，总占地面积 140 平方米。有房屋 8 间，占地面积 125 平方米，包括老人居室 7 间、工作人员住房 1 间。全院有工作人员 2 名。1996 年，入院老人 5 名，每名老人全年支出 1500 元。

2010—2018 年，部分五保老人由敬老院集体供养，另外一部分五保老人仍实行分散供养或亲属领养。

二、合作医疗

人民公社时期，东碾坨嘴大队建有红医站，社员可到红医站免费治疗，如遇重大疾病则需到医院治疗，生产队按一定的比例报销医药费。

20 世纪 70 年代，实行镇、队两级联办合作医疗，镇建立镇队联办合作医疗管理委员会，大队建医疗小组。社员报销医疗费时，先由大队医疗小组审查，签字后报镇卫生院；经卫生院审核，镇合作医疗委员会批准后才可报销。

1978 年后，东碾坨嘴大队普遍实行合作医疗制度，农民个人集资，村委会投资，病患者的医药费按一定的比例报销。以百元为起点，补贴医药费 30% ~70% 。

2012—2018 年，村里每年有 300 多名患者就医。在天津市医院看病住院的，医药费报销 55%；在杨柳青镇和西青区医院看病住院不超过 2 万元的，报销 35%；超过 2 万元的报销 50%；门特报销是自费的 50% 。

村农业户口的村民患恶性肿瘤的有 70 余人，每月每人村委会补助 500 元。

三、保障制度

20 世纪 80 年代中期，东碾坨嘴村实行农民退休制度。老人享受退休待遇，一般退休年龄为男性 65 岁、女性 60 岁。

随着农村经济的发展，农民退休制度进一步完善，一般的村实行依工龄（参加生产队劳动的年限）计算发放退休金的办法，退休人员享受的退休金额不断提高。

1996 年，东碾坨嘴村农业户口的村民中，男性 65 岁的，每人每月补助 100 元，女性 60 岁的，每人每月补助 100 元。

2011—2018 年，90 岁以上的老人，每人每月补助 1632. 43 元；70 ~89 岁的老人有 230 人，每人每月补助 1632. 43 元；65 ~70 岁的老人有 180 人，每人每月补助 1269 元；60 ~65 岁的老人有 149 人，每人每月补助 859. 4 元。66 ~95 岁的老人共有 564 人，其中 271 人已办理养老保险、293 人未办理养老保险。60 岁以上老人按失地养老保险待遇。

四、社会关怀

2012—2018 年，村中 80 岁以上的老人有 48 人，杨柳青镇派专人每月为每户做一次卫生（包括做被褥、理发等）。

2010—2018 年，村里每年给 90 岁以上的老人 200 元（或买一个蛋糕）作为生日补助。2010 年，村里的老人去世给予丧葬补助 1000 元。2014—2018 年，补助费增至 3000 元。

2007—2018 年东碾坨嘴村享受补助的 90 岁以上老人一览表

表 39

姓名	年龄（岁）	性别	截至去世年份（年）	姓名	年龄（岁）	性别	截至去世年份（年）
孟广润	90	男	2007	张宝生	90	男	2015
杨德友	90	男	2007	董运秀	90	女	2015
靳维山	91	男	2008	王玉芳	90	女	2015
任成信	90	男	2009	马成俊	90	女	2016
董王氏	92	女	2009	李怀胜	91	男	2018
任广生	96	男	2010	肖学荣	90	女	2018
冯李氏	93	女	2010	王秀芹	92	女	2018
王学增	91	男	2013	袁会敏	90	女	—
陆志仁	91	男	2013	张树云	90	女	—
杨树敏	92	女	2013	任广铎	90	男	—
吴维秀	90	女	2014	李广起	90	男	—
薛玉兰	91	女	2014	曹富玲	90	女	—

第十二章　文化体育

明清及民国时期，东碾坨嘴村村民自发进行的体育健身活动有踢毽子、放风筝、跳房子、滑冰、打尜、扔沙袋、抖空竹、舞狮子等，形式灵活多样，每逢春节、元宵节及庙会，都会参赛表演。

第一节　文艺组织及活动

1950 年，成立村业余剧团，为配合宣传《中华人民共和国婚姻法》演出的剧目有《刘巧儿》《小女婿》《农民泪》等，丰富村民的文化生活。村业余剧团到各村巡回演出，参与节日庆典演出。

1965—1976 年，大队文艺宣传队演出的节目主要是现代京剧样板戏和应时的歌曲、快板书等，特别是《老两口学毛选》在当时轰动各个村庄，各大队宣传队都进行交流和学习。

2018 年，村领导与东碾坨嘴太极队成员合影

1990 年，村民自发组织秧歌队、腰鼓队到杨柳青镇参加会演。

2010 年，柳青建筑公司接承盛兴风云老会，每年元宵节参加西青区会演，活跃西青区人民群众的文化生活，增添节日的欢乐气氛，也使这一民间武艺得到继承和发展。这一时期，每周日风云老会的师傅教东碾坨嘴小学喜爱武术的小学生操练。

2016 年，东碾坨嘴村腰鼓队在村委会表演

第二节　歌　谣

歌谣是儿童时期的美好回忆，东碾坨嘴歌谣有其历史传承。东碾坨嘴夯号是村民互帮互助、齐心合力的赞歌，是为主家盖新房的召唤，也是东碾坨嘴村的音符。

东碾坨嘴村砸夯号子

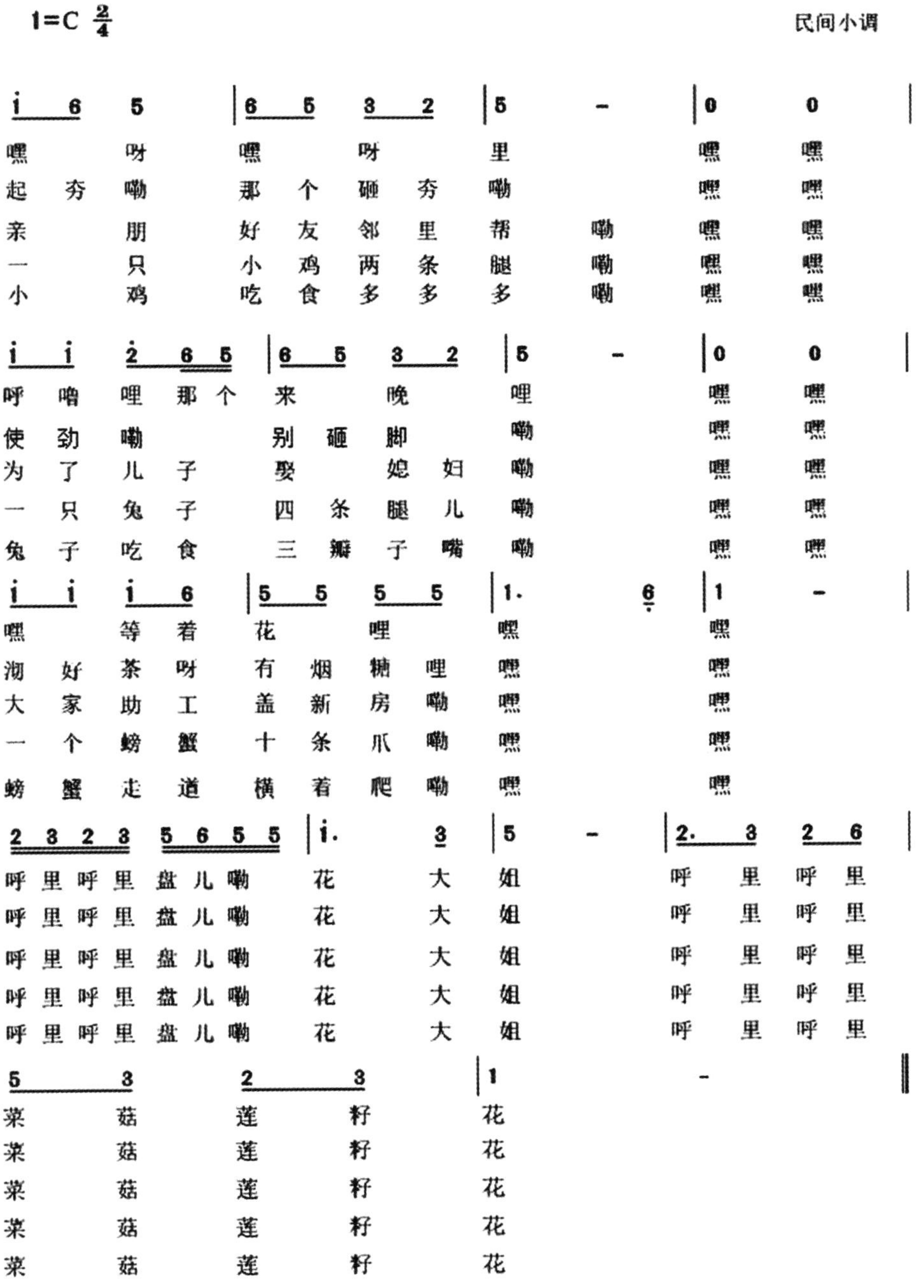
1=C 2/4
民间小调
嘿 呀 嘿 呀 里 嘿 嘿
起 夯 嘞 那 个 砸 夯 嘞 嘿 嘿
亲 朋 好 友 邻 里 帮 嘞 嘿 嘿
一 只 小 鸡 两 条 腿 嘞 嘿 嘿
小 鸡 吃 食 多 多 多 嘞 嘿 嘿
呼 噜 哩 那 个 来 晚 哩 嘿 嘿
使 劲 嘞 别 砸 脚 嘞 嘿 嘿
为 了 儿 子 娶 媳 妇 嘞 嘿 嘿
一 只 兔 子 四 条 腿 儿 嘞 嘿 嘿
兔 子 吃 食 三 瓣 子 嘴 嘞 嘿 嘿
嘿 等 着 花 哩 嘿 嘿
沏 好 茶 呀 有 烟 糖 哩 嘿 嘿
大 家 助 工 盖 新 房 嘞 嘿 嘿
一 个 螃 蟹 十 条 爪 嘞 嘿 嘿
螃 蟹 走 道 横 着 爬 嘞 嘿 嘿
呼 里 呼 里 盘 儿 嘞 花 大 姐 呼 里 呼 里
呼 里 呼 里 盘 儿 嘞 花 大 姐 呼 里 呼 里
呼 里 呼 里 盘 儿 嘞 花 大 姐 呼 里 呼 里
呼 里 呼 里 盘 儿 嘞 花 大 姐 呼 里 呼 里
呼 里 呼 里 盘 儿 嘞 花 大 姐 呼 里 呼 里
菜 菇 莲 籽 花
菜 菇 莲 籽 花
菜 菇 莲 籽 花
菜 菇 莲 籽 花
菜 菇 莲 籽 花

绣花篮儿

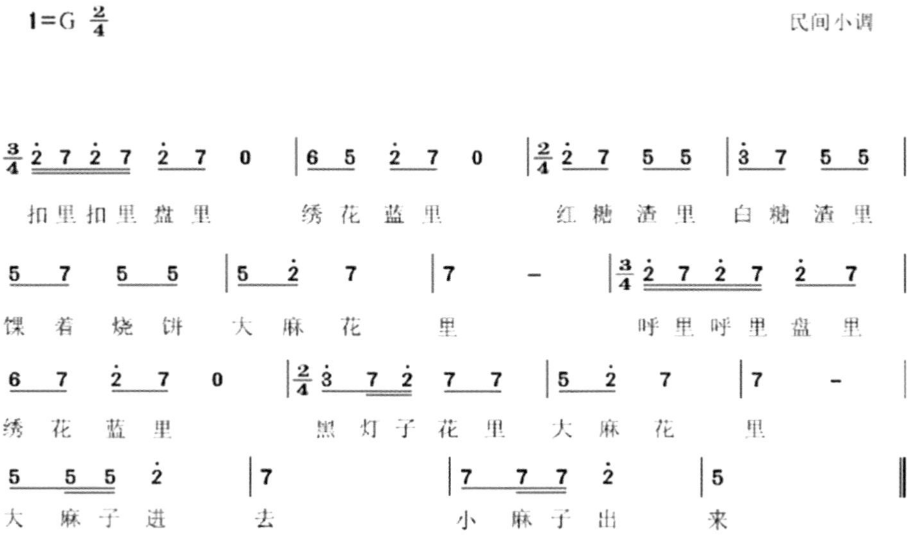
1=G 2/4
民间小调
扣里扣里盘里 绣花蓝里 红糖渣里 白糖渣里
馃着烧饼 大麻花里 呼里呼里盘里
绣花蓝里 黑灯子花里 大麻花里
大麻子进去 小麻子出来

引蚂螂

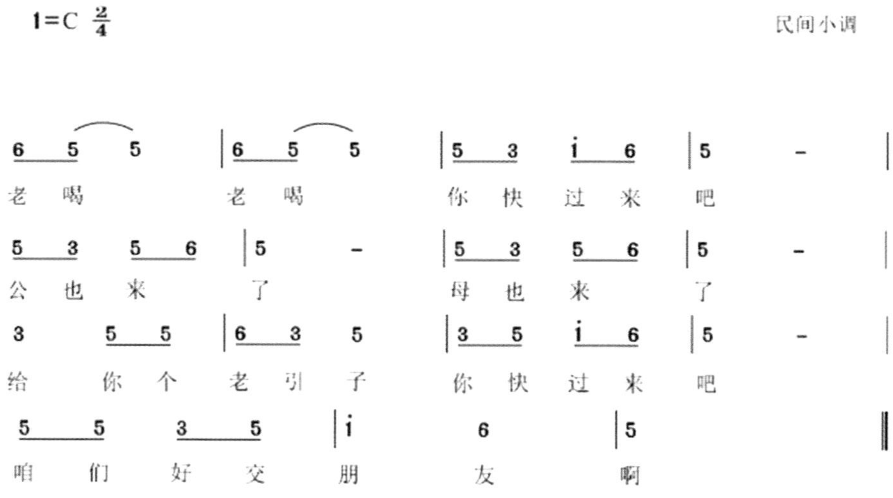
1=C 2/4
民间小调
老喝 老喝 你快过来吧
公也来了 母也来了
给你个老引子 你快过来吧
咱们好交朋友啊

第三节　书　画

东碾坨嘴村书画爱好者颇多，练习书画蔚然成风。代表人物有闫陶军、高学亮、任连志。

闫陶军对画画情有独钟，所画作品受到同行的一致好评，他对东碾坨嘴村的文化传承起到推动作用。

高学亮自退休后到老年大学学习书法，通过几年刻苦学习，他的作品多次参赛受奖，其作品收录于《枫叶正红耄耋书画家精品集》。

任连志自有天分，喜画国画，所画作品多次参赛受奖，其创作的作品《细雨》收藏在天津美术馆。

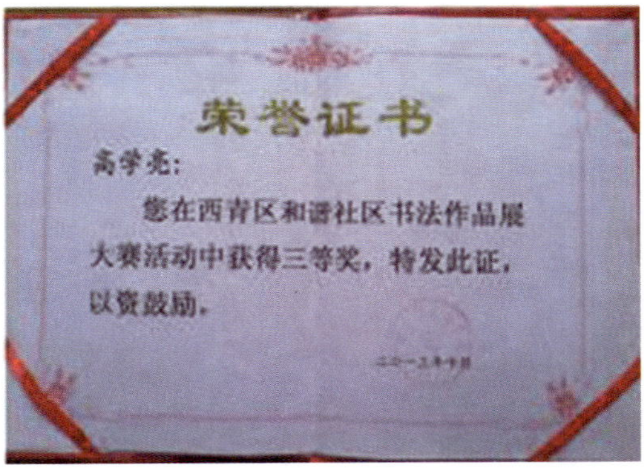
荣誉证书

高学亮：

您在西青区和谐社区书法作品展大赛活动中获得三等奖，特发此证，以资鼓励。

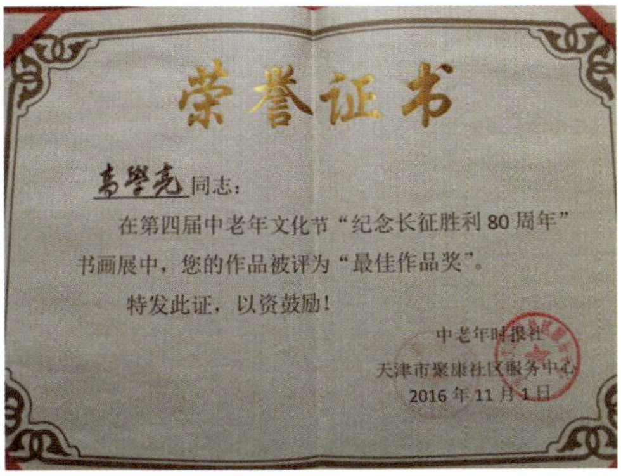
荣誉证书

高學亮同志：

在第四届中老年文化节“纪念长征胜利 80 周年”书画展中，您的作品被评为“最佳作品奖”。

特发此证，以资鼓励！

中老年时报社

天津市聚康社区服务中心

2016 年 11 月 1 日

高学亮所获的奖状

闫陶军作品

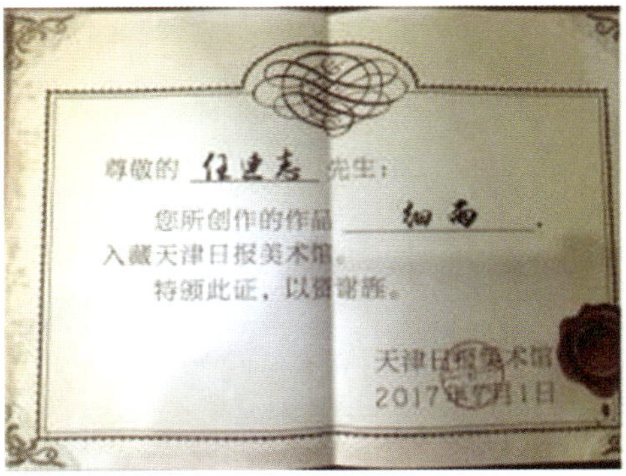

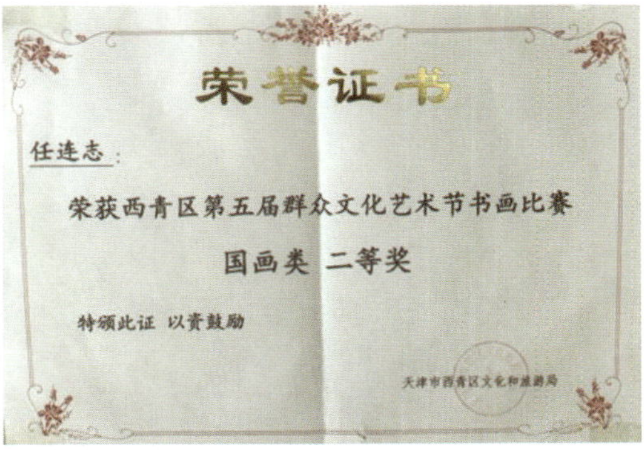

任连志所获的奖杯和奖状

第四节　体　育

1964—1980年，东碾坨嘴村广大青年自发组织篮球队，利用业余时间和各村球队进行比赛，增进友谊。大队有乒乓球台两副，社员劳动后到大队部练球参赛，丰富业余生活的同时也锻炼身体。东碾坨嘴村三友冷弯型钢厂一直保留球台，方便职工练球，并到西青区参赛。

2010 年，李家胜承接杨柳青盛兴风云老会任会长，每年元宵节及重要节日参加西青区会演，同时，这一民间武艺得到传承和发展。2016 年，李家胜任天津武术代表队教练，参加海峡两岸武术交流会。

董鲁津，国家二级运动员。2013 年，获“爱泽恩杯”健身健美公开赛青年组古典健美 75 公斤亚军。2016 年，获“体彩杯”健身健美公开赛古典健美 80 公斤级季军。2017 年，获康比特年度总决赛 75 公斤级季军。2017 年，获天津市健美锦标赛古典健美 70 公斤级亚军。2018 年，获京津冀健美公开赛 80 公斤级亚军。他还荣获 SNRTC 哥兰比亚运动营养及抗阻力训练认证、CBBA 国家级健身教练资格认证、CBBA 国家二级裁判员资格认证、国家运动与康复资格认证。

董鲁津获奖证书

2017 年，李家胜参加海峡两岸武术交流会

2017 年，全运会获奖人员

2017 年，西青区武术协会成员与市武术协会成员

天津市西青区武术协会举办 2017 年度武术比赛

2018 年中华武术培训中心开班仪式

第五节 文化遗址

一、庙宇

关帝庙、奶奶庙、土地庙3座庙合建在村东的一个院里，院门朝西，布局严谨，建筑宏伟，传闻颇多，反映了东碾坨嘴村百姓的生活习俗。

三座庙坐北朝南，中间大殿是关帝庙，东大殿是奶奶庙，西大殿是土地庙，整体造型具有明朝的建筑风格。庙前排立高约12米的大旗杆，底座砖砌方台。庙围东西配有厢房。院中有两株古槐，参天遮日。庙围台下立碑一块，碑的正面刻有志文和捐资修庙的人名单。

奶奶庙供奉着云霄、碧霄、琼霄，坐台下摆放着无数的泥娃娃，这些泥娃娃是为那些成婚后的善男信女“栓子”所用。

辛亥革命后，开始实行拆庙办学。

1931年，天津县第三区碾坨嘴公立第八十七小学成立，校址就在三座庙内。1987年，村里为打通前街街道，集资20万元在村东新建校舍，占地面积1167平方米、建筑面积1786平方米，原来的校舍已归民房。

二、天津地下军手枪队东碾坨嘴村联络站遗址

1942年，冀中军区领导决定分散游击，派侯太和、耿长林、李长泰到天津成立地下军手枪队，在天津市内与出入津郊的各个关口建立联络站。每个联络站为一个小分队，共有11个联络站。

天津西郊（西青区）东碾坨嘴小分队初期由邢树旺任队长，后由李震元负责。他们以开水铺为掩护，经常出其不意地打击敌人，是津西地区一支精悍的地下武装力量。

天津地下军手枪总联络站遗址位于下瓦房宝和里大楼前，东碾坨嘴村联络站后因平改，已不存在。

冀中军区地下军手枪队总联络站遗址

东碾坨嘴村手枪队联络站遗址（2017 年摄）

第十三章　民情风俗

东碾坨嘴村极具北方特征，且受天津周边地区影响，形成杨柳青一带独特的地方民情风俗。

第一节　节岁习俗

一、春节习俗

（一）腊八节

腊月初八简称腊八节。家家煮腊八粥、泡腊八醋。腊八粥是以多种粮食（玉米、豆类、大米、小米、江米、秫米）掺杂菱角、花生、百合、莲子、板栗、枣等煮熟后加糖制作而成。腊八醋是用醋泡蒜，从腊月初八开始，到春节正好食用。

（二）祭灶

腊月二十三人们备饴糖瓜、干草料豆、蒸年糕祭灶王。传说灶王爷是上天派下来的家神，掌握一家生死祸福，并记录家人的功过。每年腊月二十三他要到天庭汇报，人们在这一天揭下旧灶王神像，用糖瓜或年糕粘其嘴，不让其上天胡言乱语，给家庭带来灾祸。从腊月二十三起到除夕，个别贫苦妇女走家串户“撒带子”（半寸宽红色布袋）取“带来贵子”之意得一些赏钱，度过年关。

腊月二十四以前（也有说立春以前），人们要将房屋打扫干净，洗衣服、擦家具，一律不让尘土、秽物带到下一年。除夕之前，人们都要理发、洗澡。

腊月二十五有“二十五糊窗户”之说。其意一为换窗户纸，二为还清旧债，三为堵死墙窟窿及被损墙壁。

腊月二十六、腊月二十七分别有“二十六炖大肉”“二十七宰公鸡”之说。意为备好鸡鸭鱼肉，准备过春节的美味佳肴。

腊月二十八有“二十八白面发”之说。是日，家家蒸馒头，备下春节后的食品。表示有隔年饭、生活富裕。也有的人家因春节后忙于拜年应酬，无暇做饭。

腊月二十九有“二十九贴道酉”之说。“道酉”即“道”，如同“福”字，是春联的一种，取“到处都有”之意。是日，家家贴春联、窗花、吊钱和年画。

（三）除夕

俗称“大年三十”。这是一年中最隆重的节日，家家户户供奉天地神像（也称“全神像”）、财神像、迎灶王（供灶王爷、灶王奶奶新像）。上午男人们到祖坟祭祖，下午全家人围坐一起吃团圆年饭。饭前摆供品、放鞭炮。晚上全家人一起包素馅饺子。前半夜不许睡觉，称为“守岁”。

新中国成立后，烧香上供的习惯被废止。20 世纪 80 年代以来，中央和地方电视台都举办春节联欢晚会。

（四）春节

正月初一是春节的正日子，人们在这一天拜贺新春佳节。早餐一律食素，取一年“素净”之意。清晨人们更衣迎祖先，对家中尊长依次叩头行礼后再到近族尊长处行礼叩节，问候节日安好。路遇熟人，互相祝贺。近几年来，上述习俗日渐淡化。随着电话的普及，亲朋好友之间时兴打电话、发短信、发微信拜年。

（五）迎财神

正月初二清晨早起，拜祭财神之后将内外大门打开，燃放鞭炮迎财神。挑水夫（旧时村内食用运河水，有些穷苦人以为村民挑水为业）挨门挨户挑一挑水，主家赏钱称为“进财”。商家富户礼尤为隆重，迎财神后全家聚早餐，到相识亲友家贺新春。是时，女儿和女婿到岳父岳母家拜年，俗称会姑爷。新中国成立后，该习俗越来越盛，称这天为“姑爷节”。

节后的饮食习俗为“初一的饺子，初二的面，初三的盒子（圆形饺子）往家转”。初五俗称“破五”，这天要吃饺子、放鞭炮。包饺子时，剁馅称“剁小人”，包饺子称“捏小人嘴”。初五之后的初八、初九、十八、十九、二十八、二十九均为吃饺子的例日。

（六）元宵节

正月十五为元宵节，又称上元节、元夕节、灯节。是日，全镇各街道悬灯结彩，热闹非凡。旧时，各庙宇山门大开接待香客。平时不出门的妇女有的上街观灯，称“蹓百病”（去百病之意），有的在灯下钻行，称“钻灯走百病”。一般正月十四、十五日、十六连续3天有民间花会展演活动。夜间，灯笼引路，有轿夫抬着关帝、火神像“出巡”的活动。

新中国成立后，许多庙宇无存，但挂灯闹花会历年必行。特别是改革开放以来，春节文化活动更加丰富多彩。正月十五之后，春节期间的系列活动才算正式结束。

二、传统节俗

（一）立春

是日，挂春牛图（年画）、祭春神，祝愿粮食丰收。立春烙薄饼称“春饼”；豆芽菜与韭菜同炒名“春菜”；以面裹馅油炸，称“炸春卷”；刀切萝卜蘸面酱吃称“咬春”。

（二）添仓日

正月二十五为添仓日。农户于前日晚在庭院用草灰撒成许多圆圈，圆圈内放五谷杂粮和钱币，称“打囤”。早上起端簸箕绕灰圈一周，称为“收囤”。以此祝愿这一年五谷丰登、仓满屯流、财源茂盛。是日，吃米饭丸子汤。传说这一夜为老鼠娶媳妇的良宵，全家不准点灯照明。民间传说中有老鼠坐花轿娶亲的故事，该习俗已被废除。

（三）龙抬头日

二月初二称“龙抬头”。有“二月二龙抬头，一年吃喝不用愁”“二月二照房梁，蝎子蜈蚣无处藏”“二月二敲炕沿，蝎子蜈蚣不见面”之说。二月二是为春回大地，万物复苏，毒虫开始活动，治水的神龙也该活动了，要为大地带来一年的风调雨顺。妇女也解除正月里不许做针线活的禁忌。应节的食品有摊煎饼、炒豆芽菜、煎焖子。至今，吃煎焖子的习俗仍在。

（四）清明节

4月5日为清明节。一般农历二月末或三月初，即清明节前后10天内是祭扫先人坟墓的时期，除烧纸钱拜祭外，还要为坟墓添些土，如今该习俗少见。青少年学生、机关干部和烈士家属，均有组织地到烈士陵园扫墓，以缅怀先烈，激励后人。

（五）端午节

五月初五也称端阳节。相传屈原在这天投江自杀，后人为纪念屈原，在这天吃粽子，门前插艾枝，门上贴天师符、红葫芦。儿童在肚脐处抹雄黄粉，衣后挂布虎头五色缕或挂布制“五毒”（蝎子、蜈蚣、蛇、壁虎、癞蛤蟆）。屋内悬挂钟馗像。用黑纸刻剪刀形，绿纸雕蝎子形，以蝎子尾夹入剪刀口出，粘壁间，以警惕毒虫危害。是日，糯米芦叶粽子、三角蒸饼糕点、五毒饼等均为深受人们喜爱的节日时令食品。端午节为全年三大节之一。

（六）祈雨日

五月十三关帝庙开启山门接待香客。俗传关老爷磨刀主风雨。农谚有“大旱不过五月十三”，但过了该日还无雨时，地方就要设坛祈雨，由地方士绅人士等上坛拈香祈祷。先执苇把做草龙，再用泥巴丰龙体，用蚌壳作龙鳞，用木板承托，由4名壮汉抬起，敲锣打鼓，游行于市。又有数十名儿童赤身化装成鱼兵虾将，头顶柳条编圈，摇舞随行。绕街一圈回庙，将泥龙置庙院中朝阳处暴晒，等到降雨时才将泥龙送于河口。新中国成立后，该习俗被废除。

（七）晾经会和扫天晴

农历六月为多雨季节，空气湿度大，很多东西容易霉变。六月初六，宜将衣服、字画、书籍等取出晾晒通风。清咸丰三年（1853）以前，报恩寺有晾经会，展示经卷、袈裟及镇庙之宝，开山祖师遗容、宝印等供人参观。六月下旬为大雨季，俗传二十三为马神生日、二十四为关公生日、二十五为灵官生日，这3天皆主雨；二十八为龙王回宫日，主暴风雨。遇连日阴雨不停，用纸剪一个持扫帚的妇女放于门外，称“王大娘，扫天晴”。新中国成立后，该习俗被废除。

（八）乞巧日

相传农历七月初七为牛郎织女在天河上鹊桥相会之日。是日，为青年妇女乞巧日。夜晚妇女们更衣设案，用布瓜果以敬织女星，并进行穿针比赛。又以绣花针置于水碗中，以漂浮者为胜。浮针下碗底影细长为巧、影粗短如棒槌为笨拙。现该习俗已消失。

（九）中元节

七月十五为中元节，也称鬼节、盂兰盆节。是日，人们按例到坟地祭祖。紫竹庵作盂兰盆会。晚上用油纸做荷花灯，下承木板，上燃小蜡烛（也有用西瓜皮放小蜡烛或油捻）置于河中，一片流星顺河而下，备大船，船上载永盛清音法鼓吹奏，往返于河中，至夜半始止。现该习俗已废除。现在有少数老年人于该日在路边上烧纸祭祖。

（十）中秋节

农历八月十五为中秋节，又称下元节。这是仅次于春节的第二传统大节。是日，晚辈给长辈送月饼、酒、果品等礼物，晚上举行家宴庆团圆。夜晚置圆桌于庭院，放置瓜果共仰月神，称“圆月”，此举皆妇女、儿童为之。有“男不圆月，女不祭灶”的习俗，时称旺秋八月，天晴气爽，新谷业已登场，渔民正得捕鱼捉蟹，瓜果大部分成熟，各行各业购售两旺。也有人说这是庆丰收的节日，俗称“七月十五定旱涝，八月十五定收成”。吃月饼、吃团圆饭和赠送礼品之风至今尚存。

（十一）重阳节

九月初九为重阳节，又称登高节。是日，各家以糯黄米、糯秫米和江米等磨粉蒸糕，取“年年升高”之意。文人雅士，登高饮宴。

（十二）送寒衣

十月初一，家家用五色纸剪成衣裤并焚烧，表示为已故先人送寒衣。

（十三）立冬

立冬之日吃水饺，用西葫芦或冬瓜做馅，俗传“立冬吃个瓜，全家年年发”。

三、公立节

新中国成立后，法定公历、农历节日活动主要有：

（一）元旦

1 月 1 日，新中国成立后，每逢这一天东碾坨嘴村的各单位均张灯结彩，悬挂国旗、彩旗、横标举行庆祝活动，并有各类文艺演出活动，放假一天。

（二）国际劳动妇女节

3 月 8 日，俗称“三八”妇女节。各级妇联会组织开展有关纪念、评选、表彰先进的活动。女职工放半天假。

（三）国际劳动节

5 月 1 日，东碾坨嘴村举行秧歌、花会表演。

（四）青年节

5 月 4 日，各级共青团组织举行纪念活动，并举行接收团员、评选表彰各行各业的模范青年活动。

（五）国际儿童节

6 月 1 日，这一天为少年儿童举办庆祝活动，举行新队员加入少先队仪式，表彰奖励优秀少年儿童，并举行文艺表演和游戏活动。

（六）中国共产党诞生纪念日

7 月 1 日，区、镇党委召集党员或党员代表举办报告会、座谈会，批准、接收新党员，表彰优秀党员、优秀党组织和党务先进工作者，并举行文艺演出以示庆贺。

（七）中国人民解放军建军节纪念日

8 月 1 日，区、镇、街政府对驻军指战员进行慰问。召开复员退伍军人代表座谈会，表彰“双拥”（拥军、拥政）积极分子。驻军部队同时开展拥政爱民活动。

（八）国庆节

10 月 1 日，东碾坨嘴村举行文艺演出。

第二节　婚　俗

一、移风易俗

新中国成立后，人民政府提倡婚姻自由。但由于中国社会长期受封建主义统治，包办、强迫和买卖婚姻在许多地方时有发生。1951 年 5 月，国家颁布《中华人民共和国婚姻法》，基本上摧垮封建的婚姻制度。职业媒婆被取缔，代之以介绍人。介绍人负责牵线搭桥，男女双方自己通过交往和互相了解决定婚姻。花轿、洋轿车、吹鼓手、棋牌执事绝迹。解放初期，新娘步行或骑自行车到婆家成婚，生辰八字、属相犯克之说极少存在。结婚选良辰吉日多为节假日的双日子。

20 世纪 60—70 年代，妇女发起订婚不要彩礼的热潮，拍订婚照、办小型订婚宴的居多。婚礼也大多不讲排场，旅行结婚的逐渐增多。

20 世纪 80 年代，一些旧婚俗呈回潮之势。订婚时女方所要的条件越来越高，陪嫁品的数量和档次也越来越高。1989 年 4 月，根据区民俗改革会议精神，成立杨柳青镇民俗改革领导小组。小组开展了一系列改革教育活动，并制定民俗改革的有关规定，所属各村均成立红白理事会负责该项工作。

1993 年，镇政府开展“杀三风（封建迷信风、赌博风、婚丧事大操大办风）、树新风”的全民教育活动，进一步大力提倡婚丧事简办。各单位制定赏罚制度，区、镇共青团和妇联组织还不断为男女青年举办集体婚礼，婚俗有了新的改变。

二、随礼

新中国成立后至 1980 年，随礼习俗没有多大变化。改革开放后，随着社会的发展和村民们生活水平的逐步提高，随礼礼金逐年增长。随礼主要包括盖房上梁、上大学、红白事、生孩子等。

1949—1980 年，结婚随礼，乡亲、同事给 1 元，所给的礼品如洗脸盆、毛巾、镜子、闹钟等，近亲给 2 ~ 5 元；生孩子送 2 斤鸡蛋、1 斤红糖、2 盒藕粉；盖房上梁送 5 ~ 10 斤白面。

1980—1985 年，结婚随礼，乡亲、同事给 2 元，亲朋给 2 ~ 10 元；生孩子送 5 斤鸡蛋、2 斤红糖、4 盒藕粉；盖房上梁送 20 ~ 40 斤白面。

1985—1990 年，盖房上梁、搬家、上大学、红白事、生孩子等，乡亲随礼 5 元，亲朋随礼 10 ~ 20 元。

第三节 丧　俗

旧时，每遇丧事，凡有能力者都要操办一番。东碾坨嘴村中等以上家庭一般都要搭棚、挂灯、开丧受吊，官绅富豪门第则是大肆操办。

一、丧前筹备

（一）逍遥板

俗称“三块板”。病人重危时，要到杠房租借逍遥板。杠房专管棺木抬埋事务，对富者以棺木质量要价。逍遥板专供丧家使用，将其放于堂屋正中，将死者放置板上（俗称“床板”），头向门口，下架两个凳子。

（二）寿衣

早年，人到50～60岁就要为后事做准备，主要是准备寿衣和棺木，如果长期卧病者更为提前。一般户的寿衣是男用13件，有帽、靴、布袜、棉袄、棉裤等。女用件数相同，只是把长袍和马褂换成大袄和裙子，帽子换成观音兜。当时，除帽、靴、头枕、脚枕等物可临时到寿衣店购买外，其他均可以买布自己做。富绅大户男用寿衣一为清代官服，一为员外服，用官服者居多，以求于仪仗配套。女用寿衣为明代装束，有凤冠、霞帔、凤头缠足靴、棉衣裤、一品花衣袄裙、外氅等。

（三）棺木

制棺木的工人称“斜木行”（也称“大木匠”）。从棺木的木料品种到加工，都有区别。低档品有包皮、薄木板（约3厘米，俗称“匣子”），20世纪30年代初价格8～90元不等；中档品有柽木、柏木杠子，价格约为百元以上；高档品有柏木、杉木、椤木、楠木（金丝楠）、阴沉木等，价格数百元至千元。

（四）孝服

俗称“穿孝”。为对死者表示孝心，全家及亲属要为其穿孝服（白布衣装）。死者儿女穿得隆重，称“主孝”。男子有孝帽子（圆筒式）、孝褂子、白单裤（裤褂都不能缝边）、白鞋，另有披肩布、搭布、腰扎麻绳。女儿和儿媳衣着同男子，只是帽子换成白布“箍子”，且头上戴冠子（白布制，圆径2厘米的饼状物）。孙辈帽子上加一个红绒球，曾孙帽子上加4个绒球，外孙辈为蓝色绒球。

随着民俗的改革，20世纪70年代以来，干部、职工在丧事中不穿孝服，仅在手臂上戴黑纱或戴一个由黑布白字所制的“孝”字。

二、丧俗改革

新中国成立后，通过大力破除封建迷信，旧葬俗大部分被废除，搭灵堂、穿重孝、诵经出大殡、立木主绝迹。但开棺入殓、停尸3～4天、亲友吊丧、出堂等一些风俗仍存在。

20世纪60年代，送花圈、生产队或革委会给开追悼会盛行。

20世纪70年代中期以来，全部实行火葬，将骨灰盒存放镇政府所建的“安乐堂（骨灰堂）”里。东碾坨嘴村第一个火化的老人是李玉祥。

20世纪80年代以后，旧丧俗呈回潮之势，穿孝袍、请乐班、搭灵棚、糊纸幡以及新兴的纸制冰箱、彩电等纷纷出现。再加上动用机动车，大摆丧宴，耗资较多，严重影响人们的生活及经济发展。

1989年4月起，在镇民俗改革领导小组领导下，开展一系列的移风易俗教育活动。1990年后，在社会治安综合治理中，民政、公安、司法、武装等部门齐抓共管，紧密配合。1993年，开展“杀三风、树新风”活动，建立和健全红白喜事理事会组织，订立厚养薄葬和丧事简办制度，丧葬习俗大为改观。

近几年，只开追悼会、送花圈花篮、放哀乐、子女戴孝。20世纪80年代以来，东碾坨嘴村的火化率为100%。2010年，村里为去世的老人给予丧葬补贴费1000元。2014年，为去世的老人给予丧葬补贴费3000元。

第四节 生活习俗

一、庆生

旧时，婚后生子被视为一件大事，主要习俗分为：

（一）祈子

婚后有的妇女久不生育，为求子或保其子女“长命百岁”，就到镇上的白衣庙送子娘娘坐台下“请”一个小妮娃作为孩子的本体，拿到经营扎彩的工匠铺泥塑一个“娃娃哥哥”供养家中。随着孩子的年龄增长，还要逐年重塑，加高、加大一直到老，蓄胡子，并设坐，称“娃娃大爷”。祈子的第二个办法是取一块丧家摔盆用的砖头拿回家，在炕席下放100天。第三种方法是在别人家生小孩“洗三”时，从浴盆取回一个红皮鸡蛋吃下去。

（二）接生

旧时，接生多请接生婆（俗称“老娘”），妇女临生前要请接生婆吃“催生面”。分娩后立即派人到娘家报喜，娘家便将准备好的婴儿衣、被、尿布、鸡蛋、红糖藕粉、米、面等送来。其他亲友也有馈赠，称“过小礼”。产房挂红窗帘，门上挂红布，忌生人入。婴儿出生后，要请亲邻奶妇喂一次奶，称“开口”。婴儿第一次挨枕头时，枕头下垫书本或钱币，相传这与孩子的前程有关。新中国成立后，产妇都到医院分娩。

（三）洗三

产后第三天，由接生婆给婴儿沐浴一次，俗称“洗三”。这时，至亲内眷齐来看望，接生婆则边洗边念喜歌。主家拈香行礼后，接生婆念：“新生娃娃福寿长，娘娘送来状元郎”。然后在炕上铺块油布，摆好浴盆，放入煮熟并染成红皮的鸡蛋，数量有限，但要双数，称“碰头蛋”，这时接生婆用手搅动，亲友来宾便向盆里扔钱，作为对接生婆的酬劳。然后将鸡蛋和钱取出，往盆内注水，试温后将孩子放入盆中洗浴。仪式结束后，接生婆将添盆钱、主家赏钱鸡蛋、上供的糕点带走。

（四）合骨缝

产后第七天，产妇要吃饺子，俗称 7 天产妇合骨缝，包饺子称“掐骨缝”，促使产妇身体复原。

（五）十二晌

婴儿出生 12 天，娘家送来小衣袄、被褥等物品，称“小嫁妆”。

（六）满月

婴儿出生一个月，亲友多以金饰物馈赠，称“满月礼”。过去，金银首饰店销售的一种玻璃盒装的小儿手镯、脚镯、项圈、麒麟锁均为银镀金。是日，主人大多设宴招待亲友，俗称“过满月”。婴儿满月后母亲带回娘家，称“挪臊窝儿”。

（七）百节岁

婴儿出生 100 天，称“百节岁”。富有人家再度庆贺孩子“过百岁”。是日，娘家送来蒸好的 100 个面桃，取婴儿“长命百岁”之意。婴儿的姑姑要做一条半边蓝色、半边紫色的裤子给婴儿穿，俗称“姑蓝紫”，谐音“姑拦子”。现流行满月之日为婴儿摄影留念。

（八）周岁

婴儿满周岁过第一个生日，这时婴儿开始学步，外婆送来带芝麻的食品。是日，姑姑给婴儿做一双鞋，姨给婴儿送双小袜子，舅母给婴儿送一件短裤衩，俗称“姑的鞋，姨的袜，舅母做件小三叉”。

（九）起乳名

旧时，家长多起一些希望孩子长命的名字，如“留栓”“拴住”等；有的给孩子起难听的名字，如“老蛋子”“小花子”等；有的给孩子起发财的名字，如“金发”“银发”“富贵”等；有的按孩子的属相起名，如“大虎”“二虎”“二牛”等；有的按孩子出生的季节起名，如“大春”“小腊子”“秋来”等。

二、祝寿

人到晚年，后辈子孙为表孝心，要为长辈举办寿庆。生日要吃喜面，称“长寿面”。中等以上家庭，特别是豪门巨富，则是大肆铺张。每逢50、60、70岁寿辰，都高搭席棚，悬灯结彩。正日子的前两天就陆续招待亲友，称“预祝”，前一日吃盒子，称“催生”。正日子这天设摆寿堂，供奉福禄寿三星（多为瓷制），过生日者正中坐定，接受来宾和晚辈的祝贺，凡亲朋好友皆有礼赠。有的还请说书艺人或戏班说书唱戏。次日再团聚一天，称“补祝”，并将所受礼品中的糕点分送亲友，俗称“散点心”。第四天酬谢帮忙出力的人。做大寿一般都按虚岁，如七十大寿是在虚岁的生日那天，实际是刚满69周岁，也称“庆九不庆十”。此外，还有以下寿俗：

（一）闹块肉

人到66岁，女儿给买1斤的熟肉，卖肉的师傅用刀把肉切成横六竖十的66块，如果没有女儿，侄女、儿媳也可以代替。俗传送这块肉解“六十六，阎王不叫也要掉块肉”的灾祸。

（二）公醵

有的工商业者或公务人员自己不愿办生日宴，而有部分社会关系和亲朋好友到某人生日这天，大家聚在一起同桌共饮，以示祝贺。除过生日的人之外，酒席等一切开支全由在座的平摊。用餐后，过生日的人请各位明天照常再吃一餐。全部开支由个人支付，以示酬谢。这种方式俗称“公醵”。

新中国成立后，上述做大寿的现象消失，但给老人和孩子过生日的习俗至今沿袭。20世纪80年代以来，过生日时吃生日蛋糕、唱《祝你生日快乐》歌盛行。

第五节 日常礼俗

一、礼貌用语

（一）问候

旧时，在早晨、晚上子女要向老人问安。

早晨与长辈、朋友见面时常说“您早”“您好”。晚上道别使用“晚安”一词的人在青年中比较多。平时路遇说的“您到哪儿”“您干嘛去”“您吃完饭了吗”这些都不是需要对方非回答不可的问候语。

（二）忌语

对长辈忌称呼“你”“他”，而称呼“你老”“您”。

妇女怀孕应说“有喜了”，或说“有了”，若说“怀上孩子了”则视为不恭敬。分娩说“坐月子”“上炕了”，若说“生孩子”“养活孩子”则视为不敬。

谈话时不能拦话、抢话。与别人谈话时，不能拍对方脑袋、扯对方衣角，否则有失礼貌。

二、礼貌行为

有客人来访，善起迎、让座、敬茶、烟，或以水果招待。叙话时要面对客人而坐。有客人在，忌扫地，否则客人会认为主人在下逐客令。客人离开，则全家送客于门外，行再见之礼。

宴客忌上单数菜，饮酒时主人不喝，客人不饮，主人一定要奉陪到底。劝酒、斟酒讲究细斟、慢饮，忌喝“搅酒”和“野蛮酒”。

第六节　衣着饮食

一、服装饰品

（一）服装

辛亥革命后，平民多穿土布或麻布衣裳。夏穿单，春秋穿夹，冬穿棉。服装色调大多是春夏为白、灰，冬秋为蓝、黑。男性与女性的上衣多为斜襟、偏扣，扣是用布打的结，俗称“疙瘩襻儿”。下身为绾腰长裤，冬日为棉裤，裤腰齐胸，用布带子扎系。平民服装式样简单，易做、易穿，便于劳作，俗称“短打儿”。在庄重场合或参加礼仪活动时穿的衣服称作礼服。一般家庭男性礼服多为布质长袍。

女性平时上着短衫，下绾长裤，衣裤均比较肥大。上衣宽襟大袖，下端超过臀部，前胸左襟幅宽，穿后向右一丐，在胸前和腋下系扣（即偏襟斜扣）。女性的礼服多为旧时袍服和新款旗袍，或上着短衫，下束长裙。旗袍和裙也很宽大，下端能遮住“三寸金莲”（缠足小脚）。杨柳青镇的女性向来有穿衣不露脚的习俗。中老年人的裙子多为蓝、黑色，裙子上绣各种花色图案。

士绅华贵之家平时穿绫、罗、绸、缎、呢绒、裘皮等衣料的服装。凡棉衣均以蚕丝、棉絮填制。男性平时穿长袍，外罩马褂或坎肩。女性还穿外氅和云肩。

辛亥革命后，创制中山服，也称国服。民国中期，镇上的政界、商界、知识界穿中山服的人逐渐增多。同时穿西服的人开始出现，青年学生中，男性有穿长袍、穿中山装和制服的。女性多为上着白或浅蓝色短衫，下穿黑色或蓝色裙子。

新中国成立初期，衣服式样及质料逐渐发生变化，青少年时兴学生服，干部、职工、教师穿中山服。20 世纪 50 年代流行双排扣的列宁服，列宁服分男式和女式。机制布衫、绒衣裤、毛衣裤、背心等穿用者逐渐增多。家做衣服开始减少，买布料让裁缝加工或者到商店选购成衣的人逐渐增多。

20 世纪 60—70 年代，每年按人口发放棉、布票，限量供应棉、布。由于受布票限制，人们穿衣格外节省，一对青年男女结婚时往往将亲友的布票、棉票都用上。

20 世纪 60 年代开始，缝纫机大量进入家庭，会裁剪、缝纫的女性增多。“文化大革命”初期，青年男女和学生盛行穿草绿色军便装和军大衣。20 世纪 70 年代，盛行喇叭裤和港式筒裤。20 世纪 60—70 年代的服装面料以人造棉、的确良、涤卡等化纤织品为大宗。

20 世纪 80 年代以来，人们的服装大多数到市场及商店自由选购。服装的品类、款式及面料日趋新潮化和高档化。不同年龄、不同职业的人根据季节和爱好穿用港筒裤、喇叭裤、毛衣裤、皮衣裤、牛仔服、中山服、西服、夹克衫、皮夹克、学生服、运动服、风衣、羽绒服、羊绒服、呢绒大衣、裘皮大衣等。这一时期突出的特点是男性穿西服的越来越多，西装的档次越来越高；女性的服装种类增多，有长裙、短裙、迷你裙、一步裙、套裙、百褶裙等。近几年来，毛呢、亚麻、涤纶等中高档织品逐步取代低档面料，人们对衣服的拥有量也大为增加。

（二）帽子

清朝，平民中男性不分长幼，均戴六瓣合缝瓜壳帽，俗称“帽衬儿”。

辛亥革命后，除瓜壳帽外，富家子弟及文职人员多戴礼帽（又称“春秋帽”）。冬季一些中老年人在瓜壳帽外套一个防风巾，帽顶仍为瓜壳帽状，左右两侧和脑后各加一长方块披下。学生戴学生帽，上为圆顶，前额有帽檐。夏季戴草帽，一为麦秸编制的礼帽式草帽；一为用马绊草编制的伞形草帽。

新中国成立初期，男性中青年春秋戴解放帽、八角帽、呢子圆顶帽和鸭舌式前进帽。女性戴方巾。夏季时男女兴戴圆顶大草帽。冬季男性戴两块瓦式棉帽，戏称“猪八帽”。20 世纪 50—60 年代，多戴长绒裁麻棉帽。

20 世纪 60—70 年代，冬季男女盛行戴围巾，如各色尼龙、纱罗、丝绸、毛绒围巾等。“文化大革命”时期，男女青年和学生盛行戴草帽。

20 世纪 80 年代以来，男性戴前进帽、博士帽、毛线帽、夏凉帽及旅游帽。女性戴纱巾、夏凉帽和各式毛线帽。春秋季节不戴帽子的人增多。

（三）鞋袜

1. 鞋

天津解放后，市民、农民多穿布面便鞋。中青年穿杭元皂鞋、洒鞋、驼鞍式棉鞋。老年人穿老元皂鞋、两道脸鞋，棉鞋是大云靴头和精云式。鞋面分为帆布、平绒、毛礼服呢、皂布、充礼服呢。鞋底有毛底、千层底、法兰底、花旗底、软厚底（后三种均为皮底）。

一般经商的人都穿充礼服呢面和皂布面的皮底或千层底便鞋，配上长袍。农民和工人穿皂布面的鹰嘴洒鞋，也有穿圆脸皂鞋的。但洒鞋舒适、跟脚，再加之短扮，白布小褂、青布裤、头顶礼帽或帽头。穿高贵的缎子面鞋的人很少，一般富人、工作人员穿毛礼服呢面皮底鞋，便于和长袍马褂或外套大衣相匹配。

群众买鞋穿的毕竟是少数，广大农民下地干活多穿家做鞋。家做鞋在鞋面上加上几趟衲帮的针脚，俗称“实衲帮”，虽不好看，但耐穿、耐磨。做鞋底是利用家中的碎布头打夹子（袼褙），用苎麻绳自纳鞋底，买点鞋面，到绱鞋铺或摊点绱鞋，经济实惠。

女鞋多为尖口，有布面或缎面绣花鞋。早年间，绣花鞋尖端顶部带花穗，后也有点缀红绒球的。富裕女子的嫁妆鞋一般为 8 双，完全是软缎子面料。女性的棉鞋有“驼鞍式”和“大舌头”式两种，民国中期增加“偏扣拉锁”式，女学生时兴穿方口偏带布鞋。幼儿的鞋有猪鞋、猫鞋、兔子鞋、虎鞋等。

冬天，农民在水上作业，多穿由牛皮或猪皮制作的绑，即用牛（猪）皮穿孔贯绳，内絮麦滑秸、稻草之类，绑在脚上，不但能久立水上不冻脚，且耐磨。为防滑倒，脚下常系一个铁制脚齿。

雨天穿家做雨鞋，即在布鞋上浇灌桐油，鞋底钉有特制的圆帽钉，俗称钉鞋。后被胶鞋取代。

20 世纪 60—70 年代，机制鞋取代家做鞋，人们穿各式便鞋、球鞋、皮鞋、乌拉鞋、皮暖靴等。夏季盛行各式塑料凉鞋。

20 世纪 80 年代以来，鞋的品种日易增多。人们盛穿皮鞋、合成革鞋、旅游鞋、雪地鞋、马靴和运动鞋。

2. 袜

清末，人们多穿家做的布袜。新中国成立后，线袜取代布袜。20 世纪 60—70 年代，尼龙丝袜和锦纶丝袜取代线袜。20 世纪 80 年代，人们多穿尼龙袜、锦纶丝袜和毛线袜，女性多穿长筒袜。

（四）发型

1. 男性发型

清朝以前，男子均全发全须。发型或上挽高髻，或后梳独根长辫，或上挽下披，胸前飘两绺。在清朝剃发之令下，汉人均把脑前部分剃光，后半部分梳独根长辫子。胡须则因人而异，有五绺胡、山羊胡、两撇胡（八字胡）、连鬓胡、嘎鱼胡、一字胡等。

辛亥革命后，剪辫子风盛行。此后，农民一般都剃光头，少数人在辫根处留一部分，剪齐如瓦状，俗称“帽缨子”，或称“马其盖”。一些富家子弟、官员、职员、商人和青年学生留分头、背头和平头，并流行“八”字胡和一字胡。自清代以来，儿童有的在脑前部分留“刘海儿”，有的留“帽圈儿”，有的在脑两侧各留一个“歪桃”，有的在一侧留“歪桃”扎小辫儿，有的在脑后留一撮“孝顺毛儿”，还有的在脑中间留有头发，冲上扎小辫儿，俗称“冲天杵”。

新中国成立初期，少年儿童一度盛行桃形头，头发不分印，俗称“一边倒”。农民中的中青年留分头的多起来，留胡子的人逐渐减少。

20 世纪 60—70 年代，少数青年流行“青年胡”。

20 世纪 80 年代以来，除少数老年人外，全留头发。发式有偏分、中分、背头、高平头、低平头、破茬、蘑菇头（长发）等。男性中的绝大多数不留胡子。

2. 女性发型

清末，未婚女性时兴扎独根辫子。辫子根部用红、粉、绿色头绳分段扎系，辫梢处扎系蝴蝶结，额前留齐眉穗（也称“刘海儿”）。女孩梳抓髻。婚前梳盘头，婚后多梳“纂儿”、梳髻。辛亥革命后，剪发之风兴起。年轻妇女已不梳髻了，而剪成短发，留起“刘海儿头”。中老年人梳盘头，耄耋之年因头发稀疏梳抓髻。

辛亥革命后，农村未婚妇女出现扎双辫子的，女学生和职业女性流行短发和“鸭尾式”发型（将头发拢于脑后，用发卡整成扁平状），富家女性结婚时有烫发的。

新中国成立后，女青年多为齐脖短发和扎双辫子。出嫁时烫发之风盛行。青年学生一度流行“卓雅”头。20 世纪 70—80 年代，烫发之风悄然恢复。如今流行的发型有超短型、学生式、大披肩、波浪式、钢丝式、蘑菇式、锅底式、瀑布式、荷叶式、奔式，大弯儿、盘发、女短穗儿等。

（五）饰品

清朝至辛亥革命初期，青年女性时兴戴耳坠、老年妇女戴耳环。所戴的耳坠、耳环有金、包金、银、包银的。富家女性耳坠上多镶嵌翡翠或宝石，平民女性耳坠上镶嵌一些玻璃制品。女性多有戴金、银、玉制手镯的。男女都有戴戒指的（金质或银质），少数富户有戴钻石戒指的，有的还戴玉石扳指（套在大拇指上，比普通戒指宽）。女性盘头用的簪子也多是金、银所制。男女戴的兜肚链子有线绳、普通金属制的，也有金、银制的。男女有镶金牙的，主要目的是装饰自己。老年妇女有的头戴金、银制的九连环，环上有多种饰物。妇女在节日或参加礼仪活动时头上戴花（婚嫁戴喜字、过年戴石榴花）。儿童时兴戴镯、项圈、玉石、麒麟锁、长命锁等。

新中国成立后，佩戴饰品的人减少，女性的各式发卡增多。

20 世纪 80 年代，佩戴纪念章风潮自消自灭。佩戴金、银饰品逐渐兴起。近十几年，女性佩戴金、银戒指、耳环、金项链、金手链流行。老年人安装假牙较为普遍，也有选购假发、头套的。青年女性涂口红、描眉、使用高级化妆品的人日益增多。进美容、美发厅已比较普遍。

二、饮食概况

（一）饮食习惯

新中国成立前，东碾坨嘴村凡以务农为主的家庭一般为一日三餐。农闲时以早、晚两餐为主，午餐从简；农忙时节干活辛苦、劳动时间长，所以三餐并重。其他职业者与天津市区相同，早餐从简，称为“早点”，午、晚两餐并重。

（二）主食

旧时，平民百姓以玉米、红（白）高粱、豆类、谷类、大麦等粗粮为主，只有在婚、丧、寿诞、年节时才能吃上大米、白面等细粮。富家平时就以细粮为主，有“富家一席酒，穷汉半年粮”之说。

粗粮食品有玉米面或高粱面的贴饽饽、窝头、锅饼；玉米面掺少量白面蒸的丝糕；玉米面或高粱面的菜团子、豆馅团子、大麦面卷子；大麦面或红高粱面薄饼子、小米饭、高粱米饭以及用高粱面或糜子面做的年糕、元宵等。

白面食品有馒头、豆馅馒头、枣馒头、花卷、枣卷、大饼、煎饼、金裹银饼（外皮是白面，中间是玉米面）、两掺馒头（白面掺玉米面，也称“两样发”），也有包子、蒸饺、水饺、煎饺、盒子、捞面条等。

1937 年后，平民百姓以豆饼、麻饼、花生饼等为主食（豆饼类为大豆榨油后将残渣压成直径约 50 厘米、厚约 5 厘米的渣饼），豆饼本为牲口饲料或庄稼肥料，这个年代人们穷困不已，故以此充饥。日本投降后，人们逐渐不吃豆饼，改以玉米、小米、高粱等为主食。

主要汤食有大米稀饭、小米稀饭、大米粥、小米粥、玉米粥、秫米粥、山芋粥、大麦仁粥、绿豆汤、白面条汤、杂面汤、汆汆汤、瓜汤、菜汤、馄饨汤、龙拿猪（面条、饺子合煮的汤）等。

（三）副食

菜类有大白菜、甘蓝、豆类、黄瓜、茄子、韭菜、芹菜、萝卜、辣椒、白松菜、土豆、茴香、芫荽、芥菜、葱、葱头、蒜、蒜薹、冬瓜、南瓜、倭瓜、西葫芦、菠菜、香菜等。

其他副食：自清代以来就有肉（猪肉、羊肉、牛肉）、蛋、鱼、虾、蟹及海鲜等。市场上销量最多的海鲜有黄花鱼、带鱼、对虾和海蟹。每逢旺季，一般的家庭都可以吃上几顿。此外，还有各类豆制品及酱制品、粉条等。

天津解放前和建国初期，村内农户食用肉、蛋、海货的很少，很多家庭只能在春节才能吃上一次炖肉。虽然是菜田区，但农民平时很少吃熟菜、鲜菜。即使在蔬菜旺季也是吃一些坏菜，好菜一律上市出售或运往天津市。冬季人们吃大白菜，其他季节多以自家腌制的咸菜和虾酱为主。

新中国成立后，农民积极发展生产，一年四季都有大量蔬菜上市供应，丰富市民的菜篮子。改革开放以来，随着农业科技的不断普及，诸多科学种田技术被农民掌握，优良品种的引进促使蔬菜品种不断增多，如天鹰椒、芦笋、西红柿、菜笋、油菜、花菜、生菜、苦瓜、鲜蘑等。大棚和地膜保护地菜的品种及种植面积也大量增加，人们可以随时吃到各种新鲜蔬菜。

20 世纪 80 年代以来，村民在饮食结构上发生很大变化。主食以大米、白面为主，高粱食品很少，玉米成为调剂食品。副食方面，每餐都有几种炒菜，肉、蛋、鸡、鱼的消费量剧增。大鱼大肉已不是人们崇尚的美味佳肴，人们的膳食已向科学营养方面发展。菜谱成为很多家庭的必备书籍，到饭店就餐的人越来越多。

（四）饮品零食

东碾坨嘴村住户多年饮用南运河水。南运河水水质甜美，但含泥沙过多，需经沉淀方可饮用，饮水卫生甚差。1968 年，改饮用地下水，但地下水含氟量高，严重影响人民的身体健康。2008 年，区政府投资自来水管道通到各家各户，人们喝上甘甜的滦河水和长江水。

新中国成立前，农民多喝生水，村民日常饮用开水时多到茶铺（卖开水的店铺）。旧时，村中有两家茶铺，饮用开水可随时去打。天津解放初期，一分钱便可打一大壶开水。新中国成立后，农民彻底改变喝生水的习惯。生火炉的逐渐增多，在家有开水、茶水，干农活时都带着暖瓶、塑料壶。

20 世纪 80 年代以后，饮料品种很多，如冰棍、雪糕、冰淇淋、矿泉水、汽水、果汁、果茶、奶茶、麦乳精、高级茶等成为普通家庭的饮品。过去饮酒的人是少数，多为老年人。20 世纪 80 年代以来，酒的消费量剧增，老年、中年、青年都饮用，有一部分妇女也饮酒。

明清时期和民国时期，市场上没有冷食，只有水冰。如今盛行的零食有各类糕点、果糖、水果、坚果等。

三、风味美食

（一）面食类

打卤面　把五花肉切成薄片，用冰糖炒色，放入肉片一起炒出香味，将备好的葱、姜、大料、香干、面筋、木耳、花菜和香菇放入一起炒。加开水煮 2 分钟，用淀粉勾芡，最后把炒好的鸡蛋放在卤上面，再把切好的菜码装入盘中。菜码是应季蔬菜，剥两头蒜和煮熟的面条一起吃，是一道味色鲜美的风味美食。

打卤面

花椒油拌合酪面　合酪面也称杂面，用白面、高粱面、玉米面、豆面、榆树皮面和成面团，饧面 15 分钟，然后擀成面皮，切成条状，煮熟后捞到碗中浇上花椒油，吃起来滑爽又营养。

尕尕汤　用玉米面加五香面、葱花、盐，用温水和成面团，用手攥成尕尕备用。用白面擀面条，用葱、姜炝锅，放入白菜翻炒，加水烧开。先放入尕尕煮熟，再放面条一起煮，一锅尕尕汤就做好了，是汤菜合一、味道浓郁的美食。

尕尕汤

贴饽饽粘卷子熬小鱼　东碾坨嘴村处于南运

河畔，坑塘沟渠适合鱼虾生存。小鱼多为秏根、麦穗、黄瓜鱼、独头鱼，将小鱼捞上来后，用水冲洗干净沥干，用面粉裹着用油煎透，装盘备用。再用葱、姜、蒜、大料炝锅，把煎好的鱼放入锅内，将醋、酱油、面酱、白糖、盐调成汁喷在鱼上面，急盖锅盖，焖1分钟后加热水。在锅前贴玉米面的饽饽，锅后沾白面卷子，10分钟出锅。小鱼鲜香，饽饽金黄，卷子银白，底面一层脆嘎，下面沾着鱼汤，再搭配熬好的玉米渣子粥，吃起来有滋有味。

贴饽饽粘卷子熬小鱼

烀锅饼　用玉米面、剁碎的野菜、葱花、海虾米、盐一起和好后，饧面10分钟。锅热了抹油，把和好的面沿着锅烀一圈，大约1厘米厚，盖上锅盖烙制10分钟。出锅时用铲子慢慢把周围铲开，然后用双手托起放到饽饽箱子里。吃着金黄酥脆、鲜香可口的锅饼，喝着熬好的稀饭，别有风味。

烙银金饼　和好白面后饧面20分钟，把玉米面、五香面、葱花、盐一起和好，然后把和好的白面揪成面团，擀成片，再把和好的玉米面揪一把放在面片上裹好，擀成饼，放在锅里烙熟。表面看是白面饼，吃起来是白里透黄的银金饼。

韭菜炒河虾　把从河里捞上来的小虾用水洗净，沥干，用面粉裹着备用。把韭菜切成寸段备用，锅里放油，用大料、葱、姜、蒜炝锅，把小虾放入锅内，然后用醋、盐、糖调好的料喷在小虾上面，再把韭菜放入锅内翻炒两下，赶快出锅装盘。

虾红韭绿，鲜香可口，搭配着饼吃，是待客的最佳美食。

烙银金饼和韭菜炒河虾

烙盒子

烙盒子　把白菜、韭菜切碎，加葱、姜、海虾米、鸡蛋、果子拌成馅备用，和好面饧20分钟，把面揪成面团擀成圆面片，放在拌好的馅里。然后再放一面片，用手捏紧角边，用碗压圆放在锅里，烙出来的盒子皮脆馅香。

（二）野菜粮混合类

扫帚菜、玉谷米　一般5—6月采摘，可凉拌，也可做馅。做馅时将采摘鲜嫩的野菜洗净，用开水焯5分钟，捞出放在凉水中，等凉了以后，把水挤干放入盘中备用。把焯好的野菜剁碎与肉和成肉馅，用和好的白面包饺子别有风味。凉拌时，把菜切成2厘米的段装入盘中，加蒜泥、花椒油，拌好即可食用。

扫帚菜

玉谷米

马芥菜包饺子　人们在夏季采摘颗大鲜嫩的马芥菜，用开水焯后，在阴凉通风处晾干。包饺子时把干马芥菜用热水泡3个小时捞出，挤干水分，剁碎与肉一起和成馅，用和好的白面擀皮包饺子食用。尤其在大年三十晚上图吉利吃马芥菜饺子，有长寿之意。

马齿苋

榆树钱蒸扒拉　春天榆树先开花后放叶，人们为了尝鲜，上树把采摘来的榆树钱洗净，沥干，放在蒸笼里，把玉米面均匀的撒在面上用锅蒸熟，将小葱或蒜苗切碎，加上盐、香油等调料拌着吃。

凉拌曲曲菜　曲曲菜又称苦苣菜，春天到地里刨刚出芽带白根的曲曲菜，洗净装盘，用麻酱或白糖、醋拌着吃。

曲曲菜

第七节 家族家谱

明永乐十八年（1420），先后有任、王、杜姓氏从山西大槐树下迁入东碾坨嘴村。任姓是大户，修有家谱，只有一个先祖。随着时代的变迁，有的任姓分别到杨柳青镇周围的几个村庄定居，特别是清末随着杨柳青“赶大营”的任姓就有10多户。

王姓当年在该东碾坨嘴定居的只有一户，随后又有8户到该村定居。他们虽然都是王姓，但都有自己的家谱。

杜姓当年在东碾坨嘴村定居，随着杨柳青“赶大营”到新疆。现在的杜姓是从后桑园移居到东碾坨嘴村的，家谱跟着后桑园排序。

其他姓氏都是逐步迁居落户到东碾坨嘴村的。

清末碾坨嘴村任氏家谱

宝思文成广，兆连富贵荣。

立志家兴盛，显达冉祥光。

任记家风

修身养性，齐家卫国。

尊老爱幼，团结互助。

一劳本分，诚实做人。

知书明礼，禁毒禁赌。

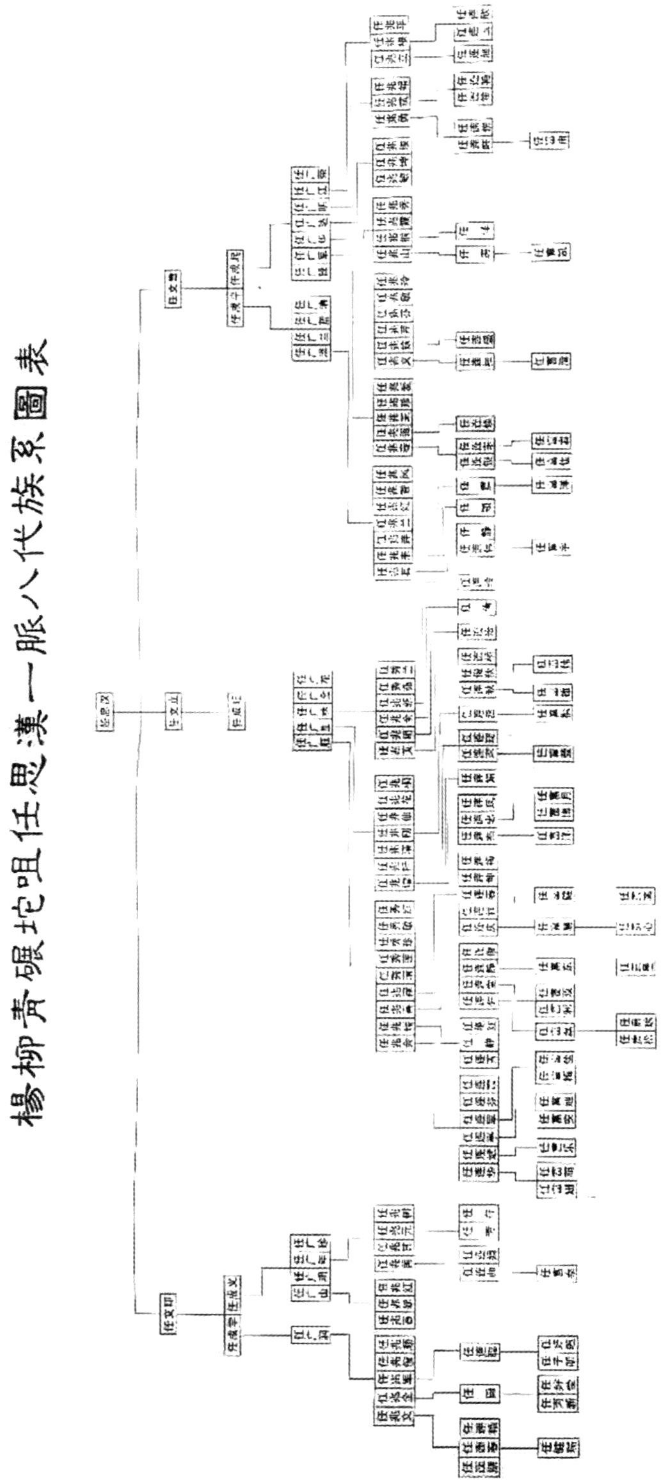

杨柳青东碾坨嘴任思汉一脉八代族系图表

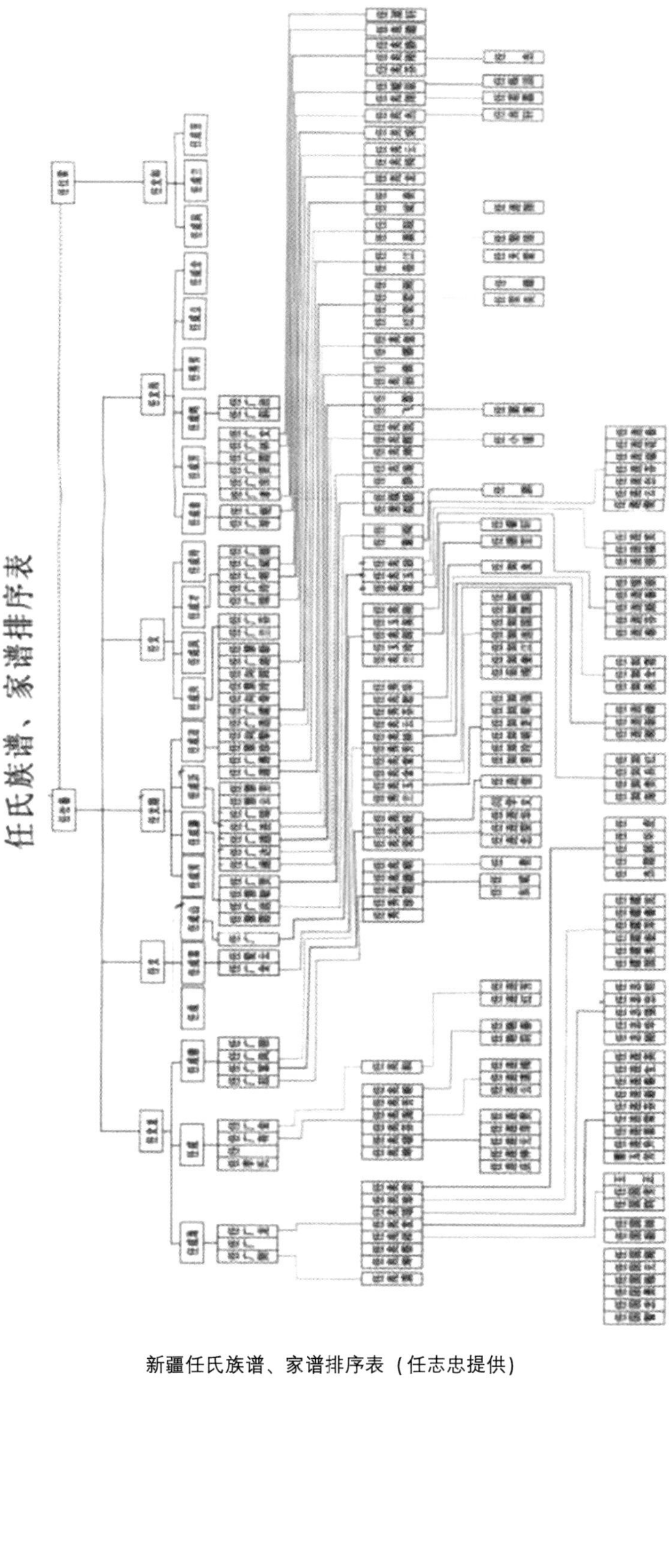

新疆任氏族谱、家谱排序表（任志忠提供）

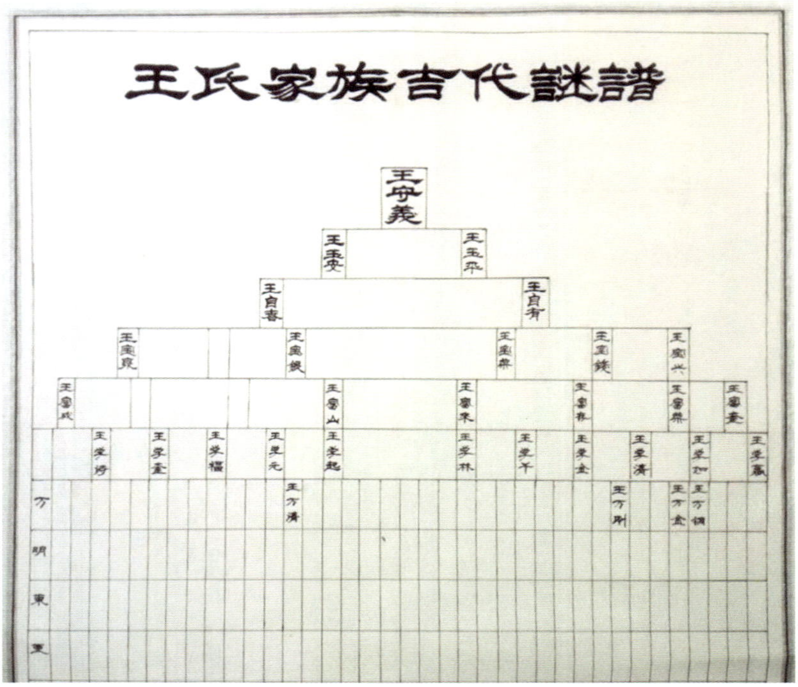

王氏家谱（王明龙提供）

第八节　东碾坨嘴村人“赶大营”

一、“赶大营”的历史背景

清咸丰三年（1853），太平天国北伐，太平军进天津。咸丰八至十年（1858—1860），英法联军两次入天津。同治七年（1868），捻军治天津。光绪元年（1875），机器手工业出现在天津，冲击旧的手工业，洋务运动又使民间商船业式微。漕粮官运代以币制，且以官营，杨柳青与白沟码头衰落。船户锐减，船工失业；因战乱，大清河、子牙河、大运河失修趋于断漕，洪涝决漫，舟不可行，农不可耕。加上自然灾害，同治末年至光绪初年，杨柳青镇接连大涝，镇民外寻生路。被贫苦生活逼上绝路的杨柳青人纷纷响应，跟随左宗棠的进疆大军开始史无前例的艰难历程。

光绪元年（1875），天津杨柳青商贩念其亲友西征，远走戈壁荒漠，愿随军西进。而这些战地消费主体以兵燹之余的边民迫切需要日用必需品，但货品紧缺，官兵手头不乏银钱，但也很难买到物品，除粮食由军方自保外，其余毛巾、肥皂、布袜、腿带、针线、茶烟糖药品（尤避瘟散之类）等物品数年奇缺，尤其战时军队行动濒急，青菜蔬果缺乏。为做好进军新疆的后勤保障，左宗棠命令在杨柳青招募小商贩、货郎担数百名，担上京、津等地生产的日用百货、中成药随军做生意。“赶大营”的货郎担们经过近两年的长途跋涉，结束了战时随军做生意的生涯，随西征大军进入新疆。

光绪二年（1876）以后，每年都有数百名杨柳青人结队步行，担上小篓到新疆谋生。也有投亲访友的，要走6～7个月，妇女儿童坐的是马拉大车（家眷车），并请保镖跟随，还有的人骑骆驼或坐骆驼轿子到新疆。从清朝到民国时期持续60余年，形成自发大移民。直至1933年，因战乱才停止。这就是史称的“赶大营”。

“赶大营”是天津杨柳青人的历史壮举，也是我国近代商贸史上的奇迹。到新疆谋生的杨柳青人有1.5万余人。

“赶大营”的杨柳青人有500多户，其中东碾坨嘴村就达20多户，有任、王、杜、李、董、闫、陈、杨、刘、孟等姓。他们经过多年磨炼，从事商业、餐饮、小五金加工、修理汽车、木瓦、手工制鞋、织袜子等行业，还有的以种菜为业，将家乡的种植经验带到新疆，填补新疆缺少蔬菜的空白，对新疆种植业的开发做出贡献。

二、新疆任氏后裔寻根修家谱

东碾坨嘴村“赶大营”的村民中，任家菜园、李家菜园成为边城种菜世家，至今已传6～7代人，是边城蔬菜种植业的开拓者。他们所种植的蔬菜品种繁多、鲜甜香脆，从一般的粗菜到四季细菜，样样俱全。他们从天津杨柳青引种的灯笼红圆茄子、肥大包心的大白菜、鲜红油亮的辣椒、无子线条黄瓜、红心萝卜、芹菜、芹黄、韭菜、韭黄、山药、百合等，为边城蔬菜增加新品种。此外，又引种归国华侨从苏联带来的蔬菜种子，有土豆、西红柿、长茄子、包包菜（莲花白）、豇豆等。

2010年，《乌鲁木齐晚报》刊登三地联动“赶大营”寻踪。8月12日，晚报B06版“大营客后裔寻根修家谱”见报后，不少任氏祖人要求续谱充实内容。经过4年多的时间，从杨柳青任姓族人和新疆任氏健在的长辈中多方询查核实，祖辈排序从清朝起为保、思、文、成、广五代，后五代为兆、连、富、贵、荣。高祖文字辈兄弟五人老大任文龙、老三任文顺、老五任文雨（曾用名任庆雨）。其余两兄均无文字记载，也无长辈口传记述。因年代久远，原始族谱及相关文字资料在战火动乱和历次政治运动中被毁，加上长辈口述失传、口误，晚辈已无从考证落实。

据健在的长辈回忆，从清光绪二年（1876）至民国时期，先后到新疆的文字辈、成字辈、广字辈大多系一爷共孙的堂兄弟妹，也有同胞姐妹一同到新疆的长辈。文字辈兄弟及叔伯兄弟 6 人、成字辈兄妹 24 人、广字辈兄妹 58 人、兆字辈兄妹 78 人。

三、寻根访祖，津疆交流

（一）任广通、任广达家庭到杨柳青访祖认亲

2014 年 4 月 8 日，在新疆的任氏长辈任广通、刘青银夫妇及子任兆海，任广达、胡爱玲夫妇及子任兆凯由海南至天津专程前往杨柳青镇东碾坨嘴村寻根认亲。在东碾坨嘴村委会与老家的任兆禄、任兆英、任兆勇、任富贵等任氏族人合影留念。

2014 年 4 月，任广达夫妇与任广通踏上寻根之旅，在天津市西青区，他们通过有关部门找到了老地名——东碾坨嘴村。

相认后，故乡人报以热情，对任广达一行如家人般相待。2017 年，任广达又回到东碾坨嘴村，受到亲人们的盛情款待。

（二）李莲芳、李莲霞姐妹回乡认亲访祖

2015 年 4 月 14 日，在新疆的任兆泉遗孀李莲芳和妹妹李莲霞及两个女儿任霞、任辉首次到老家寻根归宗，受到东碾坨嘴村任氏族人的热烈欢迎和盛情款待。

（三）任志忠、任建民及任华兄妹在杨柳青东碾坨嘴村

2015 年 7 月 2 日，在新疆的任氏后裔任志忠、史政萍夫妇携孙任思凯，任建民、孙燕夫妇携孙子，在天津定居的任霞，由乌鲁木齐赶来的任华一行 7 人到东碾坨嘴村寻根认亲，受到家乡亲人的热烈欢迎和盛情款待。当地新闻媒体、报社和电视台摄制组也赶来采访。任广明向来自新疆的任氏后裔们全面介绍东碾坨嘴村解放后的发展变化。

据“赶大营”后裔第四代任志忠介绍，其曾祖父随左宗棠西征进入新疆后，靠种植菜园为生，并将所赚银两寄回杨柳青家中。清光绪三十二年（1906），任志忠的祖父、祖母也赶赴新疆投奔任志忠的曾祖父。从此，任氏一族分支便扎根新疆，延续至今，共有 620 余人。

任志忠历经5年时间，通过搜集、整理家族史料，编写成《任氏西迁新疆百年史》一书。他在编写书的过程中，更加坚定回乡认亲访祖的决心，并与杨柳青镇东碾坨嘴村的任氏后人通过书信、电话等方式进行联系，最终促成此行。

2015年4月，津疆两地任氏后裔在东碾坨嘴村合影

2015年7月，“赶大营”任氏代表团认亲访祖

2016年7月25日，津疆两地任氏后裔在乌鲁木齐合影

第十四章　方言　谣谚

东碾坨嘴村地处津西，南与静海毗邻，其方言从属静海话音。新中国成立后，该村大力推广普通话。现在大部分青年、儿童都说普通话。

第一节　方言土语

一、称谓

（一）家族、亲戚称谓

东碾坨嘴村家族、亲戚称谓一览表

表 40

对象	称谓
父亲	爸、爸爸、爹、我们家老爷子、老爹
母亲	妈、妈妈、娘、姆妈
丈夫	称名，我们对象、孩他爹、先生，四五十岁以上的称“我们老头子”
妻子	称名，内当家的、孩他娘、我们那口子、内人、夫人、老伴
兄	哥哥、＊哥（＊代表排行行次，下同）
兄妻	嫂子、＊嫂
弟	弟弟、兄弟、＊弟（排行最末的加“老”，如老兄弟、老妹妹）
弟妻	弟妹、兄弟媳妇（一般不直呼）
姐	姐姐、＊姐

续表 40

对象	称谓
姐的丈夫	姐夫、＊姐夫
妹	妹妹、妹子、＊妹
妹的丈夫	妹夫、＊妹夫（均不直呼，多以自家孩子口吻称呼，如＊姑父）
祖父	爷、爷爷、祖父（不直呼）
祖母	奶奶
祖父的兄弟	＊爷
祖父兄弟之妻	＊奶奶
曾祖父	老太爷、太爷、曾祖父（不直呼）
曾祖母	老太奶奶、老太太
高祖父	老老太爷、老祖
高祖母	老老太太、老祖太太
父亲的长兄	大爷（“大”读重音）、＊大爷、大大、＊大大、伯父（不直呼）
父亲的兄弟	＊伯（bai）、＊叔（shou）、伯伯、叔父（不直呼），邻里冠以姓氏称张伯、王伯等
父兄之妻	娘、＊娘，只有一个伯母时简称“娘”、伯母（不直呼），邻里间冠以姓氏称王娘、李娘等
父弟之妻	婶儿、婶子、＊婶
母亲的父亲	姥爷、外祖父（不直呼）
母亲的母亲	姥姥、外祖母（不直呼）
母亲的兄弟	舅、舅舅、＊舅、舅父（不直呼）
母亲的姐妹	姨、＊姨、姨母（一般不直呼），行末的称老姨
母亲姐妹的丈夫	姨夫、＊姨夫
父亲的姐妹	姑、姑姑、＊姑，父亲的姐姐可称姑娘或姑妈，行末的称老姑
父亲姐妹的丈夫	姑父、＊姑父
姑的子女	表哥、表弟、表姐、表妹
姨的子女	表哥、表弟、表姐、表妹、姨哥、姨弟、姨姐、姨妹
丈夫的父亲	公公、公爹（不直呼）、爸爸、他爷（以自己孩子的口吻）
丈夫的母亲	婆婆、婆母（不直呼）、妈、妈妈、他奶奶
妻子的父亲	岳父、岳丈、老丈人、老泰山（以上均不直呼）、爸、爸爸、他姥爷

续表 40

对象	称谓
妻子的母亲	岳母、丈母娘（以上均不直呼）、妈妈、他姥姥
结了婚的双方父母	互称亲（读 qing）家
双方兄弟姐妹称对方老人	亲家爹、亲家娘（简称亲爹、亲娘）
女儿的丈夫	女婿、姑爷、* 姑爷
妻姐	大姨子（不直呼）、姨姐、指孩子称姨
妻妹	小姨子（不直呼）、妹子、指孩子称姨
妻兄	内兄、大舅子（不直呼）、面称大哥、指孩子称大舅
妻兄之妻	* 衿子（不直呼）、指孩子称舅母
妻弟	内弟、小舅子（以上均不直呼）、面称名字、指孩子称 * 舅
妻弟之妻	* 衿子、弟妹（不直呼）、面称名字、指孩子称 * 舅母
夫兄	大伯（bai）子、大大板子（以上均不直呼）、面称 * 哥、指孩子称 * 伯、他大大
夫弟	小（读重音）叔子（不直呼）、面称 * 伯或 * 叔
夫姐	大（读重音）姑子（不直呼）、面称 * 姐、指孩子称 * 姑
夫妹	小（读重音）姑子（不直呼）、面称 * 妹、指孩子称 * 姑
夫叔父	叔（shou）公公（不直呼）、面称随丈夫
夫婶母	婶婆婆（不直呼）、面称随丈夫
夫伯父	大爷或随丈夫
夫伯母	大娘或随丈夫
女儿	* 闺女、女儿、丫头、面称名字、年长者指孩子称
儿子	* 小子（不直呼）、面称名字、年长者指孩子称
儿子之子	* 孙子、多称名字
儿子之女	* 孙女、多称名字
女儿之子	外孙、外孙子、面称名字
女儿之女	外孙女、面称名字
儿子的孙子	曾孙、面称名字

续表 40

对象	称谓
儿子的孙女	曾孙女、面称名字
儿子的曾孙	玄孙、面称名字
儿子的玄孙	牛毛孙、面称名字
妻姐妹的丈夫	连襟、姨担子挑（以上均不直呼）、面称随妻

（二）尊称

东碾坨嘴村尊称一览表

表 41

称谓	对象及说明
大人	旧时对父母、曾祖父母的尊称，多用于书信中，今有的人仍沿用
家严、家父	旧时对外人称自己的父亲
家慈、家母	旧时对外人称自己的母亲
先烈	对革命烈士的尊称
先祖	对祖宗的尊称
先生	对知识分子的尊称
女士	对妇女的尊称
小姐	对未婚女子的尊称
仁兄、贤弟	旧时平辈人或朋友之间的尊称
令尊	尊称对方的父亲
令堂	尊称对方的母亲
令亲	尊称对方的亲戚
尊夫人、令阃	尊称对方的妻子
令郎	尊称对方的儿子
令爱、千金	尊称对方的女儿
膝下	儿女对父母的尊称，多用于书信
足下、阁下	对朋友的尊称，多用于书信
朋友	交往中对方的尊称，交往日久的称“老朋友”，对少年儿童称“小朋友”

（三）谦称

东碾坨嘴村谦称一览表

表 42

称谓	对象及说明
小弟	朋友熟人之间的谦称
鄙人、在下	旧时谦称自己
晚生（晚辈）	旧时后辈对长辈的谦称
小人	旧时地位低下的人谦称自己
小儿、小犬	谦称自己的儿子

（四）群体性称谓

东碾坨嘴村群体性称谓一览表

表 43

称谓	对象及说明
同志	中国共产党领导下的机关干部、军人及人民群众之间可互称，但青少年对老人或长辈忌用
同仁、同事	同在一个单位工作或同行业的人互称，多用于介绍，不直呼
同门、同窗	受业于一个老师的人，直呼师兄、师弟、师姐、师妹等
同学	同在一学校学习的学生互称
同胞	同一个国家和民族的人互称，多用于会议发言和书面

二、口语

东碾坨嘴村口语一览表

表 44

词语	释义	例句
等会儿	等等	别走这么快，等会儿我
快点儿	赶快	别走这么慢，快点儿
慢儿慢儿走	慢走	送客人出门慢儿慢儿走
赶明儿来	明天来	我赶明儿来你家
吃了么	吃饭了吗	到饭点儿打招呼吃了么
吃茶儿去	喝喜酒	姥姥家有喜事，吃茶儿去

续表 44

词语	释义	例句
干嘛去	去哪里	你这是干嘛去
上街	去杨柳青镇	上街买点儿东西
下卫	去天津市里	下卫去串亲戚
下庄子	马庄儿至小园	去下庄子李楼随礼
上庄子	辛口至第六埠	去上庄子辛口赶集
南乡	张家窝一带	姥姥家在南乡炒米店
北溜	十七街到十九街	我娘家在北溜大柳滩
上学（xiao）儿	上学	八点该上学了
下学（xiao）儿	放学	五点该下学了
劳驾	和人打招呼	劳驾让一让
受累了	辛苦了	你帮我干活受累了
挨嘛儿的么	问候	不小心绊倒了，挨嘛的么
受琳被	受牵连	我挨批评，你也跟着受琳被
二把刀	技术不精、知识不足	干的什么活，真是个二把刀
没眼力见儿	不会见机行事	帮我干点儿活，真没眼力见儿
出幺蛾子	鬼点子多	你怎么总出幺蛾子
呲嗒	批评	你总是呲嗒我
大拿	办事留一手	还不告诉我大拿
寸劲儿	碰巧	又到一块儿，寸劲儿了
白话	瞎说	你别听他白话
麻利	办事快	这活干的真麻利
宠着	信着	不听话这是宠着
胜着	宝贝	这个小孩得胜着
糊弄人	骗人	你真会糊弄人
站尖	占便宜	这个人总站尖
熬鳔	没完没了	有点儿事总熬鳔

续表 44

词语	释义	例句
嘚啵	唠叨	没事别嘚啵
撮一顿	吃饭	哪天咱撮一顿
瞧边	耍滑头	干活总瞧边
二五眼	二把刀	这个人干活二五眼
生瓜蛋子	愣小子	他是个生瓜蛋子
寒碜	害臊	真不嫌寒碜
钩芡	开玩儿笑	不理他，总钩芡
找碴儿	没事找事	他总是来找碴儿
说三七	说闲话	他们总是说三七
铲子头	挑拨离间	别理他，他总是铲子头
抬杠	辩论	他真爱抬杠
使劲白咧	想尽办法	他总是使劲白咧
可惜了儿的	可惜	别到了，怪可惜了儿的
糟尽	浪费	把这菜吃了，别糟尽
打嘶打嘶	收拾收拾	这东西咱给它打嘶打嘶
眼前罩儿	耍心眼儿	这个人会来眼前罩儿
盯着点儿的	这事没完	打架不服盯着点儿的
稀里马虎儿	糊里糊涂	做事总是稀里马虎儿
瞎话白舌	胡诌百咧	说话总是瞎话白舌
胡说八道	谎话连篇	说话总是胡说八道
嘴一份手一份	能说会干	他干活总嘴一份手一份
丢人现眼	丢人	你别出来丢人现眼
露脸	显摆	就你会露脸
献钱儿	献媚	总是在领导面前献钱儿
迷糊	糊涂	有时候会犯迷糊
眼馋	想吃	这么些好吃的真眼馋
玩闹	时尚	这个小孩真玩闹
就和	凑合	条件不好就和吧

续表 44

词语	释义	例句
豁出去了	拼了	有什么是什么豁出去了
犯小人	运气不好	我今年犯小人
老好人	不得罪人	这个人是老好人
大发了	发财了	这个工程完工后就挣大发了
掉钱眼儿里了	见钱眼开	他这个人掉钱眼儿里了
拉倒吧	别说了	你可拉倒吧
糟改	找乐	别拿人糟改

第二节　谣　谚

一、歇后语

小人得志——狂

君子得志——谦

小铺的姑娘——不吃亏

黄瓜鱼——溜边

下雨不戴草帽——淋头

秃脑袋上抹油——滑头

脑瓜子上贴邮票——游人

城里的人不认得地葫芦——小藕

隔夜的馒头——俏皮儿

土地爷逮蚂蚱——慌神儿了

小炉匠儿戴眼镜——找碴儿

木匠弹线——迷糊眼儿

二小过河——不知深浅
小和尚念经——有口无心
擀面杖吹火——一窍不通
十五个水桶打水——七上八下
胡同儿里扛木头——转不过弯儿
卖仁儿果不带称盘子——钩人
儿女说亲——门当户对
看戏流眼泪儿——替人担忧
屋里踱步——主意不定
瓜子儿敬客——不饱是人心儿
怀里揣马勺——成心
井底捞月亮——白忙活

二、俗语

打醋不酸，买盐不咸，顶门有弯，烧火有烟。
不孝之人不能交，善字孝为先。
聪明反被聪明误，假亦真时真亦假。
慢工出巧匠。
磨刀不误工。
喜鹊叫，来报道，早报财，晚报喜，不早不晚有人来。
树老根梢，人老耄腰。
道是人走的，事是人做的。
好汉难膛灯发亮儿。
要想人不知，除非己莫为。
居家过日子，没有马勺儿不碰锅沿的。
火心要虚，人心要实。
大鱼吃小鱼儿，小鱼儿吃虾米，虾米吃抱泥儿。
庄稼一枝花，全靠肥当家。
千里送鹅毛，礼轻情意重。
江山易改，本性难移。
干柴细米，不漏的房屋，舒心过好日子。

燕子来好民宅，燕子搭窝喜事多。
众人拾柴火焰高，人心齐泰山移。
活到老，学到老，办事说话不唠叨。
在家敬父母，何必远烧香。
穿衣打扮，遮丑避寒。
一物降一物，面筋降豆腐。
相识有早晚，交往有深浅。
春困秋乏夏打盹，睡不醒的冬三月。
在家靠父母，出门靠朋友。
远亲不及近邻，近邻不及对门。
聪明一世，糊涂一时。
织席编篓子打蒲包，赚点儿小钱好吃饱。
萝卜白菜各有所爱。
暑去寒来穷人怕，交租还债愁又愁，富人有钱说大话，财粮进仓乐悠悠。
离了拐棍就摔跤，扶着墙走难站直。
多琢磨事，少琢磨人。
每家都有一本难念的经，你有理他没理，谁也说不清。
思乡落叶总归根。
家贫出孝子，国乱出忠臣。
父母严，儿生财；宠儿女，害自己。
车到山前必有路，遇到难时盼人帮。
攀比、攀比，害人害己。
七锅台，八锅灶，锅沿碰马勺；居家要和睦，儿女尽孝道。
人心换人心，八两换一斤。
多一份包容，少一份纷争。
花无百日红，人无百日衰。
知足常乐，贪欲折失。

三、顺口溜

顺口溜，回忆录，亲经历，人情物；展时代，发展路，视听干，而编诉。
杜梨酸儿，金勾儿梨，还有红枸杞，孩子吃了会算题。

酸的溜，打畜秧，为了垫嘴儿好解馋。

小小子坐门槛，鼻子过河不洗脸；小小子坐门墩，哭着喊着要媳妇儿。

摇啊摇摇铃铛，谁摇不上长叮叮，你第一我第二他第三，第四第五没名了。

挤，挤，挤罗了斗了，你挤我来我挤你，挤来挤去卖力气，挤出去的没出力。

小燕小燕，过河搭小辫儿，拽着辫子叼河泥，搭窝孵蛋好休息。

前面的路宽又宽，路不平有人铲，不能袖手来旁观。

瓜子崩豆青萝卜，大红果糖堆儿喝糖罐儿（柿子）。

省字儿省，饶字儿饶，省字儿就比饶字儿高；不要人家点火咱就着，不要自己找烦恼。

人走运气马走镖，兔子有运，三枪打不着。

水土和成泥，拖坯烧成砖；砖灰层层磊，几天就成墙。

托大坯，先和泥，毛腰撅死卖力气；托大坯，盖新房，省吃俭用为儿郎，亲戚四邻来帮忙。

拉耙镰刀扁担绳，寒冬起早拾柴藤，挠挑柴草集市卖，换点儿粮食好营生。

村娃放学回到家，耙子小镰背筐子。以上工具是伙伴，打草拾柴捡煤渣。

蒲公英，扫帚苗，香椿芽；苦苣菜，榆树钱儿，槐树花儿；要想吃上树摘，地里拔；解馋去病，不用大夫查。

地梨儿一撮毛，好吃不好刨；包黑皮，白仁露，止渴又解饱。

不获年，闹灾荒，挖野菜来补偿；黄蓿菜，稗子草，捋下籽儿能当粮。

菠菜香菜冬储藏，风障阴面挖窖藏。过年开春吃鲜菜，菜农经验智慧强。

萝卜入坑过寒冬，随吃随拿脆又松。蔬菜水果齐兼顾，消食健胃气血通。

青黄不接吃菜难，干菜咸菜吃半年。要想吃菜能尝鲜，等到开园五月间。

各种蔬菜鲜如春，不用挖窖冷库存。大棚暖室四季种，天天吃鲜顿顿轮。

买稻草，打苫盖，钉好木厥崩好绳；蹲着絮，步步挪，尺寸到才成活；卷好后码成垛，到寒冬苫棚窝；年关到菜收割，收入高乐呵呵。

小麦播种秋分种，五寸青苗过一冬；雨水返青拔节高，夏至进仓磨面好。

春分育苗，小满拔秧；放水整畦，拉荒插秧；田间管理，立秋灌浆；秋后收割，稻谷满仓。

四、谚语

（一）农谚

家土换野土，一亩顶二亩。
九九种蒜种大麦。
清明前后，种瓜种豆。
立了夏，麦子一天一个样；立夏小满，种啥啥不晚。
芒种不可强种。
夏至麦子进仓，刨蒜忙。
头伏的萝卜，二伏的菜，三伏种芫荽，出伏种菠菜。
白露早，寒露迟，秋分种麦正当时。
种菜热，苋菜凉，玉米豆子都发黄。
立冬不起菜，就怕受了害。
小雪封不了地，大雪冻不上河。
十月里小阳春。
三月的雨贵成了油，四月播种不用愁。
大旱不过五月十三。
六月旱，八月涝，一年到头吃不饱。
五月连雨七月旱，一年到头吃饱饭；七月十五定旱涝，八月十五定收成。
只盼数九，不盼数伏。
一年四季在于春，一日勤奋在于晨；一天活计一天完，一年收获在于勤。
桃三杏四梨五年，当年吃瓜按季尝。

（二）天气谚语

八月十五云遮月，正月十五雪打灯。
长虫过街大雨到，蚂蚁搬家必下雨，蜻蜓低飞又成群，大风雷雨必紧随。
知了儿呱呱叫，热的心烦躁。
燕子高飞晴天到，燕子低飞大雨到。
旱了东风没有雨，涝了东风不晴天。
云彩往东，一片大风；云彩往南，乘大船。
云彩往西住大堤，云彩往北一片大水。
黑云红稍，定下冰雹。

黑云刮怪风，白云下满坑。

水缸穿裙，大雨淋淋；水缸发腥，大雨满坑。

西北恶云长，雨雹在后晌。

黑云白云对着跑，大雨来临加冰雹。

先下牛毛没有雨，后下牛毛不晴天。

云吃雾，雨不住；雾吃云，晒死人。

雾气生风，雾气好天。

烟囱不出烟，必是连雨天。

鸡早上窝天气晴，晚不进窝天气阴。

鸡犯愁，雨淋头。

天上勾勾云，地下雨淋淋。

不怕初一阴，就怕初二下。

早看东南，晚看西北。

三伏六月车辙雨，东边下雨西边晴。

墙根儿草，天长毛；缸返潮，雨难逃。

第十五章　人　物

东碾坨嘴村人杰地灵，良才济济，他们涉足祖国四面八方，事业有成，为国家的解放事业做出贡献，为家乡振兴和各项事业做出了贡献，为东碾坨嘴人增添光彩。

第一节　人物传

任行健（1903—1981）　生于杨柳青十六街，祖籍东碾坨嘴村。1923 年，加入中国共产主义青年团。1927 年，加入中国共产党。1928 年，因白色恐怖失去党关系。1936 年，重新加入共产党。任行健经历第二次国内革命战争、抗日战争和解放战争。新中国成立前，历任太原市军政训练班教导团（中共）党支部书记、延安自然科学院总支委员、晋绥日报社总支副书记、晋中地委宣传部部长等职。新中国成立后，先后任中共山西省委党校副校长、中共中央宣传部文艺处秘书组组长、故宫博物院办公室主任、人事处处长、中国历史博物馆副馆长等职。在战争年代，他经受艰难险阻，在敌占区工作期间几经迫害被捕入狱。“文化大革命”期间，蒙受不白之冤。后因长期日夜操劳，患有疾病。

任兆泰（1913—1998）　生于新疆，祖籍东碾坨嘴村。早年参加黄埔第九分校步兵科。毕业后先后任分队长、军校教官、督办公署交教导营中校营长、军务处上校副校长、军务处少将代理处长等职。1944 年，任焉耆专署粮运处副处长。1946 年，任少将保安副司令。1948 年，调且末县任县长。

1949 年 9 月 25 日参加和平起义，任兆泰日夜奔忙四乡，多次组织参议会，召集驻军首领、民族上层人士开会，倡议开展慰军活动。

1983 年，参加民革。1985 年，当选为中国政协乌鲁木齐市第六届委员会委员；同年 2 月，获起义人员证明书。1989 年 4 月，组建黄埔军校同学会新疆分会，并成为该会会员。1992 年 4 月，退休。

任兆祥（1915—1946） 生于新疆，祖籍东碾坨嘴村。1932 年，由省立一中六班考入新疆航空军官学校。1933 年春，任兆祥为飞行训练二组学员。1934 年秋，恢复飞行训练。1936 年夏，航校第一届学员毕业，共 11 人，任兆祥被授予中尉军衔。随即新疆边防督办公署航空队成立，盛世才兼任队长，姚雄人任常务队长，下辖驱逐、轰炸、教练 3 个中队，分别以任兆祥、杨兆荣、黎焕章为队长。

1938 年 4 月 4 日，红军西路军左支队部分成员和延安派往新疆学习航空技术的人员共 42 人。

1941 年，盛世才派多名特务对航空队人员秘密监视。

1946 年冬，任兆祥架美式豪克战斗机迫降木垒东山，被杀害。

李震元（1917—1992） 1942 年，参加八路军冀中军区地下军手枪队，任七分队队长，以开茶铺作掩护，作为联络站，同日本侵略者作斗争。1949 年 3 月，经上级党组织介绍批准，加入中国共产党，成为东碾坨嘴村第一位共产党员。新中国成立后，任村财粮先生，乡委员，村党支部书记，初、高级社社长等职，为新中国建设做出积极贡献。“文化大革命”中，以“涉嫌”进行无理审查。1973 年，以不起党员作用的不实之词被劝退出党。1979 年 9 月 21 日恢复党籍，党龄连续计算。1986 年 10 月，复查平反。

任国栋（1919—1945） 生于杨柳青镇，祖籍东碾坨嘴村。1943 年参加八路军，先后在中共冀中九分区敌工部和华北军区检查队工作。他搜集天津市及杨柳青一带国民党和日本侵略军活动情报时，以家中扎彩业为掩护，在其父任连弟、其妻孙广兰、其兄任荣春等的大力支持和协助下，为共产党的对敌斗争做出贡献。

1945 年 8 月 8 日，任国栋所在的八路军抗日部队进驻杨柳青附近时，为补充部队给养，他孤身勇赴杨柳青公所，代表八路军部队向敌军政人员传达为八路军筹粮百石和草料万斤的指令。当他返回部队北行至子牙河畔时，被日本侵略者杀害。

任兆瑞（1927—2015） 生于杨柳青镇东碾坨嘴村。1947 年，参加中国人民解放军。1948 年，加入中国共产党，在这段时间参加辽沈战役和平津战役。1950 年，随部队进驻江西省南昌，被选拔进入江西省陆军学院学习两年。毕业后，分配至江西军官学院任教员。1958 年，担任江西省军区后勤处参谋。1969 年，分配至江西省景德镇生产兵团，担任参谋长。1972 年，担任江西省寻乌县武装部部长。1976 年，转业至江西省卷烟厂，任厂长。1979 年，调入南昌市纺织局，任局长兼任工会主席直至离休。

第二节　人物简介

任杜氏女（1883—1962）　用偏方义务为村民及儿童疗伤治病。

任广兴（1901—1985）　与李恩记发明线枪打土匪，保护村庄及村民的生命财产安全。他还是村中的兽医。

王学林（1904—1993）　为东碾坨嘴村木业传承、集体建筑、村民木器用具付出心血。

任广顺（1907—1977）　1931 年，在村大庙改建小学校时，组织捐款。1948 年冬，天津解放时期，负责东碾坨嘴村行政工作，配合解放区派来的军管干部完成支前各项任务。

张玉祥（1907—1989）　为去世的村民棺材上写材头字、刷漆，不收分文。

李恩记（1908—1990）　为竹编技术传承、发展家庭副业、集体副业起到很好的作用。

郭万珍（1914—2004）　女，用新接生法为村妇女接生，直到 1966 年。

任广生（1914—2010）　为东碾坨嘴村瓦业传承、集体建筑、村民建房付出心血，被称为村建筑业的“老师傅”。是东碾坨嘴村自建村起，年纪最大的寿星。

闫永发（1926—2008）　1948 年，参加解放军，在解放张家口的战斗中负伤。1949 年，退伍回村务农，在瓦业队、铆焊厂成为能工巧匠，深受村民们的好评和尊敬。

附　录

故事传说

乾隆路过碾坨嘴并赐名

清乾隆五十九年（1794），乾隆帝在大臣的陪同下到天津一带巡视。他们沿运河南下，当船行到杨柳青镇西一带，乾隆帝见河两岸绿柳拂地、郁郁葱葱，河道中清清的河水在微风吹动下泛起道道涟漪，景色十分宜人，便命人把船停下来，登岸以观赏景色。

乾隆帝下船以后，站在河岸上向四周看，见河水由南向东，在此作一弯向东流去，河岸东边有几家农家宅院坐落于树林之中。他便问当地跪迎圣驾的官员此村庄叫什么名字。迎驾的官员说："此地虽于明永乐年间就有人定居，至今已有三百余载，但户不多，在雍正时期，仍由杨柳青水陆驿丞辖之，叫夹河湾"。乾隆帝说："朕见此地形似碾坨，又如尖嘴，且在河东岸，就叫东碾坨嘴吧！"

乾隆观看一会儿此地的自然景色，便命随从官员登舟启程。

因刚才船停航时靠岸太近，船搁浅了。现在要起航，船上的人们用力划，船下的人们用力推，但无论如何船还是不动。正在危难之时，有一个小伙子肩担一副水筲到河边挑水，他见这里围拢很多人，便走过来，在河岸上拿来两根大木杠向船底下一插，身子一弯，木杠着肩，双臂一用力，船离岸已有3米远。

此时岸上岸下的人们都已目瞪口呆，乾隆帝一看非常高兴，就把小伙子叫到跟前问他姓名，小伙子回答叫杜万顺。乾隆帝说："你方才的举动真是顺天应人，你就叫杜天顺吧！朕再加赐你叫神力杜天顺"。据记载，乾隆帝那次巡视时，还下诏将杨柳青运河两岸免税两年。

东碾坨嘴村回头望老倭瓜的奇名来历

有一年，乾隆帝在刘墉等人的陪同下，沿运河南下到天津卫，在北河口稍事休息，又顺流向西南而来，船行到现在的杨柳青二街东摆渡口一带，乾隆帝看见岸边有一个非常漂亮的姑娘。

船行好远，乾隆帝说："朕不是看那女子，而是看那杨柳树，那参天白杨，袅娜的翠柳，多么可爱啊！"于是便问此地叫什么名字。刘墉便随即答道："此处是杨柳青！"乾隆也附和一句"杨柳青"。然后他们都会心地大笑起来。

船行至夹河处（由东向南），乾隆看见河岸大堤边长满倭瓜秧藤，倭瓜长得有些奇特，又看到拉船的纤夫，就问这是怎么回事。刘墉一看，连纤夫、倭瓜都回头望，说明皇上皇恩浩大、洪福齐天，认为这地方是块宝地。

多年以后，人们所说的沙窝萝卜、木厂的枣、东碾坨嘴村的老倭瓜回头望，就是从那时传来的。

胡羊庄——乾隆的行宫

沿南运河顺流而下，过娄家院、东桑园到胡羊庄。该村位于东碾坨嘴村南，西濒南运河。相传，该村形成于明永乐年间。当时有一名胡姓的老人在该地牧放羊群，故名胡羊庄。

胡羊庄虽然不大，但它确实是运河上的重要节点。它是清末良王庄把总汛所管运河河道的起点。说它重要，还在于胡羊庄曾经设有水营，而乾隆帝多次从运河南下或者回北京都驻跸胡羊庄。可以说，胡羊庄是乾隆帝的一处行宫。

《西青区杨柳青镇东碾坨嘴村宅基地换房实施办法》

一、总则

第一条　平改主体

1. 平改组织方（以下简称“甲方”）：天津市西青区杨柳青镇东碾坨嘴村村民委员会。

2. 平改对象（以下简称“乙方”）：东碾坨嘴村平改范围内的经过确权的地上物所有权人（房屋产权存在纠纷的，以纠纷各方达成一致的合法书面协议或具有法律效力的文书作为凭证，确定平改补偿对象）。

第二条　平改范围

东碾坨嘴村除国家或地方政府规划确定保留外，凡坐落在平改范围内的房屋、棚亭以及其他各类违法、违规地上物全部拆除。

第三条　拆迁签约期限

拆迁签约期限为30天，自2016年10月26日起。

第四条　安置方式

本次平改采取货币补偿和用补偿款在安置区低价购房的安置方式。

第五条　为保障平改安置工作的顺利进行，本次平改安置采取尊重历史、依据审批手续、结合现状、综合认定的办法，由东碾坨嘴村村民委员会成立平改工作组对房屋权属、面积、手续等进行审查与认定，镇人民政府进行监督。

二、房屋认定标准

第六条　房屋认定标准

本次平改考虑到以宅基地换房为根本，工作组负责对宅基地和宅基地内主房进行认定。

凡在宅基地建有北房的，认定北房为主房；凡涉及历史遗留问题导致没有北房或有其他特殊情况的，由平改工作组集体商议、认定，并将认定结果予以公示，一宅一院只认定一处主房。土地使用面积由确权组依据相关资料结合院落位置情况认定。

主房建筑面积、土地使用面积认定结果村委会予以公示。

三、货币补偿

第七条　住宅货币补偿

本次货币补偿面积采取宅基地认定的主房建筑面积拆一还一，减去主房建筑面积之外的土地使用面积按 50% 给予补偿的办法，除主房之外的一切房屋不予补偿。

即：补偿面积为主房建筑面积+（土地使用面积-主房建筑面积）×50%。

　　补偿单价为 8500 元/平方米。

即：宅基地补偿款=补偿面积×8500 元/平方米。

第八条　农用地货币补偿

承包（位置）农用地的村民，须把所承包土地交回至村集体，按照 2.7 万元/亩的标准予以货币补偿，承包土地青苗及地上附着物补偿费按照《东碾坨嘴村集体土地退地及地上补偿指导意见》。

四、购买住宅

第九条　购买住宅

购买住宅为杨柳青安置区或王顶堤安置区。

杨柳青安置区。货币补偿后，签约户可选择以成本价 6800 元/平方米购买示范镇住宅。被平改房屋主房为一间房的，最高购买面积不得超过 45 平方米；被平改房屋主房为两间房的，最高购买面积不得超过 65 平方米；被平改房屋主房为三间房的，最高购买面积不得超过 110 平方米；三间主房的宅基地经平改工作组认定为三代共同居住且所有居住人无其他住宅的，最高购买面积不得超过 130 平方米；被平改房屋主房为四间及以上的，最高购买面积不得超过 130 平方米。实际居住人口由平改工作组进行认定并予以公示。购买方案限定一处宅基地，不能进行合户或者拆分。其他特殊情况，经平改工作组研究决定并予以公示。选择购买杨柳青安置区住宅的签约后先选择面积。楼层分配统一抓阄，先签约的先抓阄。

王顶堤安置区住宅。货币补偿后，可选择购买镇外王顶堤安置区住宅，现正积极与项目方对接，具体购买方案后期出台。

被平改对象只能在两处安置区中的一处购买住宅，不得同时购买。如不购买，可直接领取货币补偿。

五、其他补偿

第十条　搬迁费用

根据搬迁期限的规定，搬迁费按 1000 元/宅予以补偿。

第十一条 临时安置补偿费

货币补偿后选择购买安置住宅的自行解决临时用房，临时安置补偿费标准为：

临时安置补偿费标准按照平改工作组认定的补偿面积每月 20 元/平方米计算，不购买安置区住宅的不给租房费。

选择购买镇内安置区期房楼房的，临时安置补偿费每半年支付一次，支付至还迁拿到钥匙后，再支付两个月装修期。

六、福利保障

第十二条 保险

村民在交房退地签订协议后，村委会视村民年龄给予一定的福利待遇。45~60 岁的村民由村委会统一办理城居养老保险，45 岁以下的村民待到 45 周岁时，由村委会统一办理城居养老保险。60 周岁以上无法解决保险的村民，每月由村委会发放 300 元生活补贴。历史自行解决保险（统筹社险）的，由村委会统一发放 9000 元保险补贴并签订协议（已享受 5000 元补贴的，只发放 4000 元），村集体已办理的，不再享受。

第十三条 就业补贴

村民在交房退地签订协议后，当月发放三年就业补贴。

发放对象：已交房退地签订协议的村民。

发放标准：（2016—2019 年）年龄范围在 18 周岁以上、60 周岁以下的村民，每人每月 300 元。

18 周岁以上、60 周岁以下的村民由镇、村两级优先推荐工作。

第十四条 保险、就业补贴为村民福利待遇，仅针对东碾坨嘴村农业户口。

七、其他规定

第十五条 办理安置手续时，乙方应将产权证、施工执照等一切与土地、房屋有关手续交给甲方，由相关部门审查核实后统一处理。

第十六条 所有平改房屋由甲方统一拆除，乙方不得自行拆除房屋及其附属物，私自拆除或损坏的照价赔偿。

第十七条 乙方必须全部腾空房屋，将空房交给甲方，一经封房，乙方不得再进入该房屋，否则承担法律责任。

第十八条 对恶意提出超标准补偿，在规定期限内未签订协议的滞留户，由甲方按照相关程序向上级政府申请强制执行，强制执行费用按实际发生额由滞留的平改对象自行承担。

第十九条 本办法由西青区杨柳青镇东碾坨嘴村村委会统一负责解释。

《东碾坨嘴村村规民约》

咱们村，是宝地，将我们，来养育；建设好，新农村，本条约，需牢记；
爱国家，爱集体，跟党走，志不移；村两委，要凝聚，村内事，集体议；
合作社，抓经济，共出招，齐努力；讲和谐，创业绩，谋发展，同受益；
讲卫生，美环境，护生态，保长利；新知识，多学习，重科学，守法律；
扫黑恶，树正气，黄赌毒，要远离；电与火，须警惕，除隐患，不迟疑；
搞治安，人心齐，维稳定，顾大局；搞建设，经审批，违规划，不要提；
爱公物，胜自己，莫损坏，多爱惜；公益事，要积极，讲贡献，不贪利；
好青年，勇服役，戍边疆，保社稷；义务工，积极去，志愿者，多出力；
倡晚婚，重优育，生男女，都满意；娶儿媳，嫁闺女，破旧俗，创新意；
丧事简，不挑剔，禁焚烧，纸冥币（迷信品）；敬老人，尊伦理，爱儿童，细教育；
敬妇女，讲平等，互谦让，获美誉；青少年，知努力，考大学，有奖励；
睦邻里，重情意，互帮助，如兄弟；讲文明，行礼义，宽他人，严自己；
此条约，大家立，执行好，都受益。

《杨柳青镇东碾坨嘴村村民自治章程》

第一章 总 则

第一条 为依法实行村民自治，发展农村基层民主，坚持党对城乡基层治理工作的全面领导，紧紧围绕统筹推进“五位一体”总体布局和协调推进“四个全面”战略布局，加快乡村振兴战略实施，特制定本章程。

第二条 本章程依据《中华人民共和国宪法》《中华人民共和国村民委员会组织法》及国家有关法律、法规、政策文件规定，结合本村实际，在广泛征求村民意见建议基础上，经村党员大会、村民代表大会审议修订，也经户代表表决通过。

第三条 本村实行村民自治，是在党的现行政策和国家法律规定的范围内，建立以村党组织为核心，村民自治和村务监督组织为基础、集体经济组织和农民合作组织为纽带、各类经济社会服务组织为补充的乡村治理机制，进一步提升全村治理法治化水平。

第四条 本章程是全体村民的行为规范。无论干部、党员、村民，本章程面前人人平等，都必须严格遵守。

第二章 村民自治组织

第一节 村民会议

第五条 村民会议由本村十八周岁以上的村民组成，是全村的最高权力机构。在党组织指导下的村民大会根据工作需要召开，有十分之一以上的村民或三分之一以上的村民代表提议，应召开村民会议。村民会议由村民委员会召集。村民会议应当有本村十八周岁以上村民的过半数，或者本村三分之二以上的户代表参加，所作决定应当经到会人员的过半数通过。

第六条 村民会议的职权

一、选举村民委员会，撤换和补选村民委员会成员。

二、听取和审议村民委员会的年度工作报告，评议村民委员会工作。

三、撤销或变更村民委员、村民代表会议不适当的决定。

四、讨论决定涉及全村村民利益的重大问题。

第二节　村民代表会议

第七条　村民代表会议由村民代表、“两委”班子成员和各级人大代表、政协委员身份的本村村民组成，是全村重要议事决策机构，对村务有知情权、决策权和监督权。村民代表的任期与村民委员会的任期相同，村民代表可以连选连任。必要时可以撤换和补选。村民代表依据村民居住情况划分村民小组，由户代表以投票方式选举产生，每31～36户产生一名。村民代表必须拥护党的路线方针政策，遵守党的统一领导，执行党的决定、遵纪守法；坚持原则，作风正派，办事公道；关心集体，正确代表村民意愿与利益，有较高的群众威信；身体健康，有一定文化水平和参政议政能力。村民代表会议每季度召开一次，有五分之一以上的村民代表提议，应当召集村民代表会议。村民代表会议有三分之二以上的组成人员参加方可召开，所作决定应当经到会人员的过半数同意。

第三节　村民小组

第八条　村民小组是在党总支和村委会领导下，开展群众自治活动的基层组织，是村民委员会联系村民的桥梁和纽带。

第九条　本村划分32个村民小组，每个小组设组长（即村民代表）一人。

第十条　村民小组长职责：

一、宣传贯彻党的路线、方针、政策和国家的法律、法规。

二、组织本村村民认真落实镇、村交给的各项工作任务。

三、组织本组村民积极推进集体经济发展，并对村内各项村务情况进行监督。

四、及时向村民委员会反映本组村民的意见、愿望和要求。

第十一条　召开村民小组会议，应当有本村民小组十八周岁以上的村民三分之二以上，或者有本村村民小组三分之二以上的户代表参加，所作决定应当经到会人员的过半数同意。

第四节　村民委员会

第十二条　村民委员会是村民自我管理、自我教育、自我服务的基层群众性组织，实行民主选举、民主决策、民主管理、民主监督，自觉接受上级党委、政府和村党总支的领导。对村党总支的决议，以及经村党总支审核同意由其他组织依法形成的决议，按照职责分工认真贯彻落实。

村民委员会成员由全村十八周岁以上有选举权的村民直接选举产生。可以连选连任。村民委员会实行少数服从多数的民主决策机制和公开透明的工作原则，建立健全各种工作制度。

第十三条 村民委员会职责

一、认真贯彻执行党的路线、方针、政策，教育组织村民自觉遵守国家法律法规。

二、向村民大会、村民代表会议负责并报告工作。

三、完成镇政府布置的行政经济等工作任务。

四、维护村民的合法权利，教育引导村民履行村民义务。

五、支持村民依法发展经济，引导村民合理利用自然资源，保护和改善生态环境。

六、尊重并支持集体经济组织依法独立进行经济活动的自主权，保障集体经济组织成员的合法权益。

七、办理公共事务和公益事业，调解民间纠纷，加强安置帮教，维护社会治安。向上级政府反映村民意见、要求和建议。

八、做好退役军人、殡葬管理、救灾救助、特困供养等社会保障工作。

九、加强《天津市文明行为促进条例》的贯彻与宣传，带领群众践行社会主义核心价值观，倡导文明行为，建设文明幸福的现代化新农村。

第十四条 村民委员会工作制度

一、学习制度。村委会每月组织一次学习，主要学习党的路线、方针、政策、国家法律法规和上级党委政府的有关文件，不断提高思想水平和政策水平。

二、会议制度。村民委员会每半个月一次办公会，每季度一次向村民代表汇报工作会，每季度一次小结会，年终一次总结会，根据工作需要可随时召开。

三、村委员会干部考核管理制度。村民委员会成员要落实分工，明确责任，明确奖惩，并定期总结检查，年终考核，不断提高干部的工作能力。

四、村务公开制度。凡涉及村民利益的事项都要进行公开。主要包括上级党委、政府有关政策规定落实情况；本村重要村内事务；村干部分工职责；财务收支；卫生健康；救灾救济等有关村民关心的重大事项。公开形式有建立村务公开栏、召开村民大会或村民代表会议，以及向各户发放公开材料等。

第十五条 村民委员会下设治安保卫、人民调解、财务统计、卫生健康等工作委员会。

治安保卫委员会的职责是发动和依靠群众做好本村治安，协助政府和公安保卫部门做好治安工作，做好日常治安巡逻和所属区域的安全检查。

人民调解工作委员会的职责是负责法制宣传教育，根据《中华人民共和国人民调解法》调解民事纠纷，及时化解矛盾，把问题解决在萌芽状态。加强纠纷信息反馈，严格控制重大事件发生。

财务统计工作委员会主要职责是严格执行财经制度，做好集体财务的管理和审计工作。

卫生健康工作委员会的职责是负责本村及所属区域内的计划生育和卫生健康工作，落实相关计划生育政策，对妇女进行健康知识普及，对已婚育龄妇女按期进行健康检查，对60岁以上老人进行健康检查。

第五节 村务监督委员会

第十六条 村务监督委员会负责村民民主理财，监督村务公开等制度的落实。其成员由村民会议或村民代表会议推选产生，并应有具备财会管理知识的人员承担。村务监督委员会主任一般由非村委会成员的村党组织成员担任，鼓励群团组织负责人、村民代表通过法定程序兼任村务监督委员会成员。村务监督委员会向村民会议和村民代表会议负责，村务监督委员会可列席村“两委”联席会议、村民代表会议和村民委员会会议，村务监督委员会主任列席村党组织书记和村委会主任碰头会。

第十七条 村务监督委员会工作职责

村务监督委员会接受镇党委、镇政府和镇纪委的指导，其职责：

一、对村民委员会贯彻执行党的路线、方针、政策、国家法律法规及村民会议、村民代表会议决策情况进行监督。

二、对村民委员会等村级组织依法履行职责情况进行监督，主动收集和受理村民对村务管理的意见建议。

三、对村务决策、村务公开、村级集体“三资”管理、村工程建设项目、惠农政策措施落实等情况进行监督。

四、对村级重大事项民主决策情况进行监督，及时发现、反映和督促纠正违反决策程序的行为。

五、通过村民会议、村民代表会议开展民主评议活动，对村民委员会成员履行职责和廉洁自律情况进行监督。

六、其他依法需要监督的事项。

村务监督委员会重点监督村务决策、村务公开、村级集体“三资”管理、工程项目建设、惠农政策措施落实情况。

第十八条　村务监督委员会工作制度：

一、落实村务情况分析制度。每月召开一次村务情况分析会议，遇有涉及村民利益的重大情况随时召开，梳理、研判村务财务情况，及时发现苗头性问题，采取措施并督促解决。

二、落实村务监督工作报告制度。每年至少向村党组织、村民会议或村民代表会议报告一次工作，重要事情及时报告。

三、落实评议考核制度。自觉接受村民会议或村民代表会议对村务监督委员会工作评议，落实镇党委、镇政府对村务监督委员会履职情况的考核。

四、落实村务联席会制度。村务监督委员会按时参加由村党组织、村民委员会、部分村民代表、驻村各级人大代表和政协委员、驻村其他单位代表参加的村务联席会议。讨论研究日常工作，对村民会议或村民代表会议表决的重大事项提出意见建议。

第十九条　村务监督委员会应当建立村务相关档案。包括土地发包方案和承包合同、经济合同、集体财务账目、集体资产登记文件、公益设施基本资料、基本建设资料、征地补偿费使用及分配方案等。

第二十条　工作机制加大民主决策、民主管理、民主监督力度，把“六步决策法”作为村重大事项决策的全过程，在事务提议阶段协助村“两委”广泛征求党员群众意见建议，为科学分析决策提供依据。要拓宽村务公开渠道，运用网络平台、触摸屏、公开栏、“明白纸”、民主协商、听证会等多种形式，提高村务公开的针对性和实效性。

第六节　村　民

第二十一条　本村的村民享有下列权利：

一、依照《中华人民共和国宪法》规定，享有公民应享有的一切权利。

二、参加公务活动，提出有关村务的建议和批评，对村干部和村务进行监督。

三、享受本村举办的各项公共事业和公益事业利益的权利。

四、十八周岁以上的（剥夺政治权利的村民除外）村民有选举权和被选举权，有参加村民会议、讨论决定村务重大问题的权利。

五、作为东碾坨嘴村股份经济合作社成员的村民，按照《东碾坨嘴村股份经济合作社章程》规定，享有相应的权利，承担相应的义务。

第二十二条 每个村民有以下义务：

一、遵守村民自治章程，执行村民会议、村民代表会议和村民委员会的决定、决议。

二、完成村委会分配的任务。

三、团结互助、尊老爱幼，维护村集体利益。同一切危害村民利益的行为做斗争。

四、自觉践行社会主义核心价值观，参加开展移风易俗、争创文明村、文明户、遵纪守法户等活动。

第七节 村干部

第二十三条 村干部应加强自身建设，严格要求自己，牢固树立全心全意为村民服务的思想，努力干好本职工作，要求做到：

一、坚持以习近平新时代中国特色社会主义思想为统领，增强“四个意识”，坚定“四个自信”，做到“两个维护”。

二、认真学习党的政策，学习科学文化知识和现代管理知识，不断提高政策理论水平和工作能力。

三、认真贯彻党的路线、方针、政策，模范执行市、区、镇党委、镇政府的各项决策部署。

四、坚持实事求是，讲究工作方法、作风民主，尊重村民意愿，善于做群众工作。

五、坚持吃苦在前、享受在后，履行职责、勤奋工作，带领村民勤劳致富。

六、坚持不吃请、不受礼，清正廉洁，办事公道，不以权谋私，敢于同黑恶势力作斗争。

七、坚持以身作则，在各项工作中模范带头，做群众的表率。

八、坚持主动开展批评与自我批评，自觉接受群众监督。

九、坚持乡村振兴战略，与村干部一道齐心协力，共同做好村务各项工作。

第三章　集体经经济组织与经济管理

第二十四条　村集体经济组织是以集体所有财产为纽带，承担管理集体资产、开发集体资源、发展集体经济、服务集体成员等集体资产经营管理服务的基层经济性组织。

第二十五条　村经济组织以股份经济合作社的形式存在，在村党组织、村委会的领导下进行经营活动，发展壮大村集体经济。合作社依法代表经济组织成员行使集体资产所有权，享有独立经济活动自主权。

第二十六条　合作社最高权力机构是经济组织成员大会。

第二十七条　经济合作社设理事会和监事会，理事会由 3 人组成，设理事长 1 名，兼任总经理，负责管理合作社的一切事务；监事会由 3 人组成，负责合作社事务的监督；理事会及监事会均由成员（代表）大会选举产生。

第二十八条　理事会每年需向村党组织、村委会进行述职；向合作社组织成员或成员代表会议汇报工作。监事会每半年需向合作社成员代表会议报告监督情况。

第四章　福利待遇

第二十九条　凡本村的经济组织成员均按照本村福利待遇规定，享受本村所有福利待遇，年满 60 周岁及以上的享受失地退休保险标准待遇，60 周岁以下人员享受生活补贴待遇。福利待遇标准按照东碾坨嘴村股份经济合社章程规定执行。

第三十条　为鼓励本村经济组织成员在学学生认真学习文化知识，为社会培养人才，凡本村经济组织成员全日制在学学生，考入大学本科的给予一次性助学金奖励 5000 元。助学金奖励标准按东碾坨嘴村经济组织成员在学学生考入大学本科助学金奖励办法规定执行。

第三十一条　因本村失地保险名额有限，对经济组织成员办理失地养老保险占用的名额属村集体资源。参加保险村民健在的，享受失地退休保险待遇；因故死亡的，所退参保应退的保险金一律归村委会。对拒不执行规定的、拒不配合办理退款手续的，村委会不予办理任何手续并取消该户全家及本村子女全家的村民待遇。

第三十二条　为提高村民生活质量，保障村民就医，解决村民看病难问题，解决因病致贫，特定以下重大疾病补贴规定：

一、村民患癌症疾病，经医院治疗确诊后不能手术治疗的，凭医院诊断证明及本人医院病历，本村每月给予1000元补贴；确诊后三年不复发的，从第三年后的第一个月开始每月给予300元补贴；到第五年，从第五年后的第一个月开始每月给予200元补贴。

二、村民患癌症疾病，经医院手术治疗康复出院后，凭医院出院手续及诊断证明，每月给予500元补贴；五年内不复发的，从第五年后的第一个月开始每月给予200元补贴。

三、村民患癌症期间又出现新癌症病种，按照新癌症治疗确诊时间，重新确定重大疾病补贴时间。

四、村民患癌症疾病，存活五年以上未发现新癌症的，一律享受每月200元疾病补贴。

五、村民患尿毒症需透析治疗的，凭医院诊断证明，本村给予每月1000元的治疗补贴，透析治疗的每年提供一次医院诊断证明。

六、村民因患内脏疾病需做内脏移植手术的，手术后凭医院手续证明，村委会给予一次性5万元补贴。

第五章　社会秩序

第八节　社会治安

第三十三条　每个村民都要学法、知法、守法，自觉维护法律的尊严，同一切违法犯罪和黑恶势力行为作斗争。

第三十四条　村民之间应团结互助，相互尊重，和睦相处，严禁侮辱、诽谤他人，严禁造谣惑众、搬弄是非。

第三十五条　自觉维护生产、生活秩序，不扰乱公共秩序，不阻碍公务人员执行公务。

第三十六条　严禁偷盗、敲诈、侵占国家、集体、个人财产，严禁赌博，严禁替罪犯隐藏赃物。

第三十七条　严禁非法生产、运输、储存、销售和买卖易燃易爆物品，严禁私存枪支、弹药等危险品。

第三十八条　村民要爱护公共财产和居住区内各项公益设施，不得损坏水利、交通、生产等公共设施，不得在居住区内安装噪声大的机械设备。

第三十九条　不得在公路上挖沟开渠、堆积粪土、摆摊设点，不得以任何理由妨碍交通秩序。

第四十条　村民要遵守社会公德，不调戏妇女，不私拆和毁弃他人邮件，诚实守信。

第四十一条　严格用水、用电管理规定，不私自接电、接水，要切实爱护水电设施。

第四十二条　村民要自觉维护环境卫生，爱护保洁设施，落实“门前三包”制度，分类投放垃圾，共同创造干净整洁的生活环境。

第九节　村风民俗

第四十三条　践行《天津市文明行为促进条例》，提倡移风易俗，反对封建迷信和一切不文明行为，树立社会新风尚。

第四十四条　提倡喜事新办、丧事简办、厚养薄葬，不铺张浪费，反对大操大办。深化丧俗改革，不穿重孝，不设酒宴，不念经拜佛，遗体实行火化。坚持“三点白”（白帽、白鞋、白腰带），提倡戴青纱、白花。凡按上述规定办理丧事的，村委会给予丧事补贴3000元。未按上述规定办理丧事的，村委会再不给予丧事补贴外，还扣除死者直系亲属本年度的其他各项福利待遇。

第四十五条　破除迷信，解放思想，不算卦，不相面，不悬挂带有封建迷信色彩的图像，不从事各种封建迷信的祭祀活动，不听、不看、不传淫秽书刊和音像资料。坚决抵制各种邪教组织及活动，不参与赌博、传销活动，不贩毒，不吸毒，反对以家族势力干扰和影响集体事业的发展。

第四十六条　违反本节上述条款者，村委会有权给予批评教育，限期改正，对触犯法律的，移交司法机关处理。

第十节　邻里关系

第四十七条　村民之间要相互尊重、相互理解、相互帮助，建立良好的邻里关系，形成互敬、互爱的良好风气。

第四十八条　村民在经营、生活及社会交往中应遵循平等、自愿、互助、互利原则，顾全大局，发扬风格。

第四十九条　邻里间发生纠纷要依靠组织解决，不得无理取闹、寻衅滋事。对制造纠纷的当事人，情节较轻的，予以批评教育；造成人身伤害或财产损坏的，要承担医疗和经济赔偿费用；对情节严重、触犯法律的，交司法部门解决。

第十一节　婚姻家庭

第五十条　村民要坚持婚姻自由、男女平等、一夫一妻、尊老爱幼的原则，建立团结和睦的新型家庭。

第五十一条　婚姻大事由本人做主，反对包办婚姻，反对借婚姻索取财物。

第五十二条　夫妻在家庭中地位平等，反对男尊女卑，反对家庭暴力。夫妻双方共同承担家务劳动，共同管理家庭财产，有共同抚养教育子女的义务。

第五十三条　严禁虐待妇女儿童，严禁非医学需要鉴定胎儿性别和选择性别的人工终止妊娠，严禁弃婴、溺婴和非法收养婴儿，保障妇女儿童的合法权益。违者报司法机关依法处理。

第五十四条　广泛开展寻找最美家庭活动，传承家庭传统美德，以良好的家风涵养民风。

第五十五条　对丧失劳动能力、无固定收入的老人，其子女必须尽赡养义务，生病就医、日常生活费用由子女承担。

第五十六条　父母的遗产，儿女有平等的继承权。

第十二节　卫生健康

第五十七条　贯彻落实党的十八届五中全会提出的“促进人口均衡发展，坚持计划生育基本国策，完善人口发展战略，全面实施一对夫妇可生育两个孩子政策，积极开展应对人口老龄化行动”的战略决策，促进人口长期均衡发展。

第五十八条　按照上级计生工作要求，结合本村实际，经村“两委”研究初步意见，由村民代表会议讨论通过相关的奖励政策和处罚措施。

第五十九条　组织开展健康知识普及教育，对60岁以上的老人定期开展查体。

第六章　附　则

第六十条　本章程由村民委员会负责解释，并具体组织实施，由村民会议和村民代表会议监督执行。

第六十一条　本章程自党员大会审议、村民代表会议决议通过之日起执行。

第六十二条　修改本章程，必须经党员大会、村民代表大会讨论同意，审议通过后生效。

参考文献

秦其明：《西青区志》，天津市西青区地方志编修委员会编，天津社会科学院出版社，2003 年。

《杨柳青镇志》，天津市西青区杨柳青镇地方志编修委员会编著，天津社会科学院出版社，2005 年 10 月。

《西青区统计年鉴》，天津市西青区统计局编。

韩嘉谷：《天津古史寻驿》，天津古籍出版社，2006 年。

《天津经济》《天津日报》《今晚报》等报纸刊物。

编后记

《东碾坨嘴村志》是东碾坨嘴村建村以来的第一部志书，通过对这部志书的编修，能将村面貌勾勒清楚、正确反映将是一件前慰先人、后惠子孙的善事，是完成一项“存史服务”文化建设的基础工程。

该志书以“略古详今、详独略同”为编修原则，一方面多方搜求，一方面深入各界查找资料、摄录照片、反复切磋、决定取舍、多方考证、求教行家，尽量使该村志成为一部优秀的志书，力求给关心该村志的广大村民、各级领导、专家一份比较满意的答卷。

该村志编修过程中得到区、镇领导的关心和指导帮助，该书由区志办谢连华老师把关，他是第一位审阅者，并提出宝贵的意见，在此表示衷心的感谢。

在此，向给予指导帮助的领导和积极提供资料的有关单位、各位村民、各界人士表示感谢，特别是区档案局，杨柳青镇副镇长符新华、镇档案室主任胡有华、吴金妹给予了指导，并提供相关资料；天津方志文化传媒有限公司副教授张绍祖提供八路军冀中军区天津地下军手枪队外围第七分队的资料，柳青建筑公司李家胜提供八路军冀中军区天津地下军手枪队外围第七分队的资料以及杨柳青盛兴风云老会相关资料及图片资料；新疆任志忠提供了“赶大营”的资料。

2018 年 11 月 15 日，在杨柳青镇召开有区、镇领导、区志办领导和专家参加的《东碾坨嘴村志》（复审稿）评审会议。2019 年 1 月 25 日，召开《东碾坨嘴村志》（终审稿）评审会议。会上，领导和专家对该志给予充分的肯定和高度评价，使我们深受鼓舞和启发。

区档案局副局长薛安鲁，区志办主任王富盛，谢连华、李刚、张立民，天津方志文化传媒有限公司副教授张绍祖，高级讲师张明都为该志的有关章节做出具体而具有权威性的点评，对以上各位专家认真负责、中肯的评审深表感谢！

由于我们水平有限，参考资料和借鉴资料较少，故难免疏误遗漏，恳请读者给予批评指正。

编　者

2019 年 3 月